한국통합교육과정학회총서 ❷

초등학교 통합교과의 성격

앎을 넘어 삶을 위한 교육을 꿈꾸며

이환기 · 이종원 · 정광순 · 박채형 · 조상연 공저

학지사

● 머리말

　교육의 영역에서 통합, 융합 또는 통섭의 문제는 이제 선택이 아니라 필수로 인식되고 있습니다. 오늘날 우리 사회가 직면하고 있는 다양한 문제들은 우리가 학교에서 가르치고 있는 한 가지 교과의 관점으로는 결코 해결할 수 없는 복잡한 양상을 띠고 있습니다. 그러므로 이제 미래에 살아갈 사람들은 누구나 현상을 통합적 관점에서 바라보고 문제를 해결할 수 있는 능력이 요구됩니다. 이렇게 본다면, 교육에서의 통합적 접근은 학년급별, 학교급별 구분 없이 교육의 모든 단계에서 필요한 교육적 접근법이라고 보아야 할 것입니다. 그러나 여러 가지 제한점으로 인하여 우리나라에서는 초등학교 1, 2학년 단계에서 통합교과를 제도적으로 도입하여 운영하고 있고, 그 이상의 학년에서는 교사가 필요한 교과나 단원에 자율적으로 도입하여 수업을 운영하고 있는 실정입니다. 이 책에서는 이러한 점을 고려하여 초등학교 저학년에서 가르치고 있는 통합교과에 한정하여 그 성격을 살펴보고자 합니다.

　우리나라에서 초등학교 저학년에 통합교과가 도입된 역사적 배경을 살펴보면, 통합교과에 대한 치밀한 이론적 근거가 먼저 마련된 후에 교육과정에 통합교과가 도입된 것이라기보다는 통합교과가 먼저 도입되고 그것에 대한 사후 이론적 탐구가 이루어져 왔다고 보아야 할 것입니다. 그 결과로 통합교과 교육과정이 최초로 도입된 제4차 교육과정부터 오늘날에 이르기까지 여러 시행착오를 거쳐 온 것도 사실이라고 보아야 할 것입니다. 그리하여 교육과정이 개정될 때마다 사람들은 각자 자신의 학문적, 경험적 배경을 바탕으로 통합교과의 성격에 관한 다양한 의견뿐만 아니라, 통합교과에 대한 부정적 의견 또한 제시해 왔습니다. 그렇다면 과연 통합교과는 초등학교 교과로서 어떤 성격을 가진다고 보아야 합니까?

이 책은 바로 그러한 문제의식에서 출발하였습니다. 이 책에서는 우선 지금까지 이루어졌던 각각의 통합교과에 대한 논의들을 종합하고 그것을 바탕으로 미래지향적으로 각각의 통합교과 성격을 고찰해 보고자 하였습니다. 국가 수준의 교육과정 개편은 앞으로도 끊임없이 이루어지겠지만, 교육과정 개편과는 무관하게 '현재 초등학교 1, 2학년에서 가르치고 있는 각각의 통합교과는 초등학교 교과로서 과연 어떤 성격을 띠고 있다고 보아야 하는가?' 하는 문제가 이 책 집필의 출발점이었습니다.

이 책은 각각 독립적으로 발표된 논문을 사후에 저서 형태로 엮어낸 것이 아니라, 애초에 저서 형태로 발간하기 위해서 시리즈 형태로 발표한 논문들입니다. 먼저 각각의 논문을 한국통합교육과정학회 월례회에서 주기적으로 발표하여 구성원들의 의견을 수렴하였고, 다음에는 한국통합교육과정학회 학회지인 『통합교육과정연구』에 제출하여 심의과정을 거치도록 하였으며, 마지막으로 저서 출판을 위한 논의 과정을 거쳐 나오게 되었습니다.

이 책이 대상으로 하는 사람은 일차적으로 현재 교육대학교에서 통합교과에 대해 배우고 있는 초등예비교사들입니다. 이 책은 교육대학교 재학생들에게 초등학교 통합교과에 대한 기본적인 이론적 지식을 제공하려는 의도를 가지고 있습니다. 그러나 초등교육을 전공하는 대학원생들이 통합교과에 대한 자신의 안목을 심화·확장시키려고 할 때도 이 책이 도움이 될 것이며, 또한 초등학교 현장에서 직접 통합교과를 가르치고 있는 교사들이 각자 자신이 실행하는 통합교과 교육에 대해서 이론적으로 좀 더 깊이 이해해 보려고 하거나, 실제적으로 자신의 수업을 변화시켜 보거나 보완하고자 할 때도 도움이 되리라고 봅니다. 그 밖에 교과통합에 관심이 있는 일반인이나 유치원 교사로서 유·초연계교육에 관심이 있거나 초등학교 저학년 교육에 관심이 있는 사람에게도 교과 또는 지식의 통합 문제, 나아가 삶의 통합 문제를 좀 더 깊이 이해하는 데 도움이 되리라고 봅니다.

아무쪼록 이 책이 초등예비교사들에게는 통합교과의 성격에 대한 올바른 관점을 형성하는 데 일조하고, 통합교과를 학문적으로 고찰하려는 사람들에게는 사고의 자료를 제공하며, 초등학교 현장 교사들에게는 자신의 수업을 개선하는 데 일조하여 우리나라 통합교과 교육이 보다 미래지향적으로 발전하기를 기원합니다.

2018년
집필진 일동

차 례

1장

초등학교 교과로서 통합교과의 성격*

이 환 기

> 교육에 단 하나의 교과만이 존재한다면,
> 그것은 현현하는 전체로서의 삶이다.
> – A. N. Whitehead, 1929

　지식의 통합과 관련된 문제는 인류의 사고와 함께 시작된 문제로서 플라톤도 이 문제에 관심을 가지고 있었으며, 그 이전과 이후에도 교육에 관한 많은 사상가들은 당연히 이 문제에 관심을 가져왔다(Dressel, 1958, p.7). 지식의 통합 문제는 정서적인 측면에서 보면 상당한 호소력을 가지는 주제이지만 인식론적 측면에서 살펴보면 결코 명확하게 규명할 수 없는 복잡한 문제이다.

　지식의 통합 문제는 당연히 인간의 사고[1]와 관련된 문제이며, 인간의 사고와 관련된 문제는 누구나 알고 있듯이 복잡미묘한 문제이

---

* 이 글은 '이환기(2015). 초등학교 교과로서 통합교과의 성격 탐색, 통합교육과정 연구, 9(3), 1-31'을 원본으로 한다.
1) '지식'은 인간 '사고'의 결과로서 그것을 상호간에 의사소통이 가능하도록 체계화시켜 놓은 것이라는 점에서 이 장에서는 이 두 가지를 맥락에 따라 혼용해서 사용하고자 한다.

다. 그러나 인간의 사고를 어떻게 규정하든지 간에 그것은 사고의 분화와 통합이라는 두 가지 원리에 의하여 발전해 나간다는 사실만은 분명하다. 그리고 여기서 사용되는 통합이라는 용어는 다중적인 의미를 포함하는 용어이다. 이때의 통합은 서로 관련짓는 것, 단순히 합하는 것, 서로의 성질을 잃으면서 새로운 것을 만들어 내는 것 등의 다양한 의미를 포함하고 있다. 사실상 인간은 사고를 발전시켜 나가는 과정에서 이전의 지식과 새로운 지식을 통합하거나 새로운 지식끼리 통합함으로써 자신의 사고를 발전시켜 나간다.

다른 한편, 사고의 발전에는 사고의 분화라는 또 다른 면이 있다는 점도 잊어서는 안 될 것이다. 인간의 사고가 발전한다는 것은 통합 이전에 분화가 이루어지고 있다는 의미이다. 사고의 통합은 통합을 위한 사고의 분화를 논리적으로 가정하고 있으며, 사고의 분화는 사고의 발전을 위한 필요조건이다. 현대인은 과거의 원시인에 비하여 분명히 보다 분화되고 통합된 사고를 하고 있으며, 이 점에서 사고의 분화 · 발전이라는 측면에서 보았을 때, 인간의 개체 발생은 계통 발생을 되풀이하는 경향이 분명히 있다.

'지식이 과연 서로 통합될 수 있는가?' 하는 문제는 철학의 인식론 분야에서, 보다 직접적으로는 교육과정의 철학적인 측면에서 중요한 문제이기는 하지만, 이때까지의 연구 결과만을 두고 보더라도 그것에 관한 분명한 설명을 기대하기는 어려울 것 같다(유한구, 김승호, 1998; Henry, 1958; Pring, 1973). 이것은 학자들의 설명 능력의 문제 때문이 아니라 다양한 형태로 존재하는 지식의 성격 그 자체에서 따라나오는 문제라고 보아야 할 것이다. 그러나 지식의 통합 문제에 관한 모든 인식론적인 문제가 해결되고 난 후에야 비로소 초등학교에서의 통합교과 문제에 대해서 논의할 수 있는 것은 아니다. 지식의 통합에 관한 인식론적인 문제가 완전히 해결되고 난 후에야 비로소 초등학교에서의 교과통합의 문제를 다룰 수 있다고 한다면, 우리는 앞으로도 영원히 이 문제를 다룰 수 없을 것이다. 프링(Pring, 1973)이 지적한 것처럼 지식을 통합하는 문제에는 분명히 근원적인 난점이 존재하며, 이 문제는 인간의 지력 이해력이 발달한다고 하여 쉽게 해결될 수 있을 것 같지 않다. 지식의 통합 문제를 인식론적으로 본격적으로 다루려면 우리는 현존하는 모든 학문의 논리적 관련을 검토해야 할 것이다.

그리하여 이 장에서는 지식의 통합에 관한 인식론적인 문제를 본격적으로 다루지 않으면서 초등학교 통합교과의 문제를 해결할 수 있는 방법을 모색해 보고자 한다.[2] 만약 우리가 학생들에게 완전한 형태의 '통합된 지식'을 제공해 주어야 한다는 다소간의 강박적인 의무에서 벗어날 수 있다면 이 문제를 해결할 수 있는 실마리를 찾을 수 있을 것이다.

1955년에 '미국교육학회(또는 미국교육과학연구협회: National Society for the Scientific Study of Education)'[3]는 전국 단위의 연구 프로젝트를 한 가지 실행하였다. 이 연구 프로젝트에는 드레슬

---

2) 이 문장은 '본 논문의 논의는 인식론적인 논의와 무관한 것이다.'라는 의미가 아니다. 지식의 문제를 다루는 논문은 어떤 형태로든지 인식론적인 논의와 무관할 수 없다. 다만, 본 논문에서는 통합과 관련된 복잡한 인식론적인 문제를 하나하나 해결한 후에 그것을 바탕으로 현행 우리나라 통합교과의 성격을 밝히려는 식으로 접근하지는 않겠다는 의미이다.
3) 이 학회의 전신이 '미국헤르바르트학회(National Herbart Society)'였다.

(Dressel), 타일러(Tyler), 블룸(Bloom), 굿래드(Goodlad), 크래스홀(Krathwohl) 등과 같은 그 당시 경험주의 교육을 주창하던 학자들이 참여하였다(Henry, 1958).

그들이 프로젝트를 시작할 때 내건 사업명은 '교육 속에서의 통합, 교육과정에서의 통합(integration in and through education)'이었다. 그러나 그들이 연구를 마치고 1958년에 연구결과물을 출판할 때에는 이 저서의 제목이 '교육적 경험의 통합(the integration of educational experience)'으로 변경되었다. 그들은 이렇게 제목명이 변경된 것에 대해서 간략하게 설명하고 있는데, 그것은 다음과 같다. 즉, 연구 결과에 의하면, 통합된 경험을 학생들에게 제공하는 것은 여러 가지 문제가 있으며, 따라서 통합은 궁극적으로 학생 자신에게 맡겨야 하며 교사가 해야 할 일은 학생들이 통합을 잘 할 수 있도록 교육적 경험을 잘 조직해서 제공해 주는 것이었다(Henry, 1958, vii). "교육자로서 우리가 해야 할 일은 개별 학생들에게 모든 지식이 통합된 어떤 관점을 제공해 주는 데 있는 것이 아니라, 학생들이 스스로 통합을 할 수 있는 능력을 개발해 주는 데에 있다."(Henry, 1958, p.5) 그들은 처음에는 학생들에게 통합된 지식을 제공하는 것이 가장 좋은 것이라고 생각했지만 연구 결과에 따라 그 관점을 포기한 것이다. 그들이 모두 그 당시 미국 경험주의 교육을 주창했던 일류의 교육학자들이라는 점에서 특별한 관심의 대상이 된다.

결국 이들은 지식의 통합 문제라는 인식론적인 문제를 우회하면서 학교에서의 교과 통합의 문제를 해결하려고 한 것이다. 그리하여 그 이후에 나온 경험중심주의 학자들의 다양한 주장은 이러한 관점에서 이해할 필요가 있다. 물론 이들의 주장 속에는 여러 가지 문제점이 들어 있는 것이 사실이지만 그들이 학교에서의 지식 통합과 관련하여 연구를 한 후에 내린 결론은 아마 존중해 주어야 할 것이다. 지식의 통합 문제를 학교교육과 관련지어서 해결하려고 하는 사람은 누구나 조금만 깊게 생각해 보면 이 문제가 피상적으로 생각하는 것보다 훨씬 더 복잡한 문제를 안고 있고, 이 문제를 해결한 후에 학교에서의 지식 통합의 문제를 다룬다는 것은 거의 불가능하다는 것을 깨닫게 될 것이다.

우리가 학교에서 통합교과를 문제삼는 것도 결국은 학생들의 학습을 도와주기 위해서이다. 그러므로 교과의 '통합'에 초점을 맞출 것이 아니라 학생들의 '학습'에 초점을 맞춘다면, 교과 통합의 문제도 결국 학생들의 학습을 도와주기 위한 하나의 방편에 지나지 않는다고 보아야 할 것이다.[4] 그러므로 통합교과는 학생들의 학습이라는 큰 틀 속에서 어떤 위치를 차지하는가 하는 관점에서 접근할 필요가 있다.

여기에서는 초등학교 교과로서의 통합교과의 성격을 규명하기 위하여 먼저 '교과' 그 자체의 성격에 대해서 살펴볼 것이다. 그것은 곧 교과의 성격이 역사적으로 어떻게 변천되어 왔는가 하는 점과 교과와 학문의 관계에 대해서 필요한 범위 내에서 살펴볼 것이다. 그

---

4) 학생들의 학습을 도와주기 위한 방편은 여러 가지가 있을 수 있지만, 모든 교육적 방편이 모두 동일한 교육적 의미와 가치를 가지는 것은 아니다. 통합교과는 하나의 방편이기는 하지만 독특한 교육적 의미와 가치를 가지는 것으로서 다른 방편들과는 차이가 있으며, 이 점을 받아들여서 우리나라에서는 통합'교과'라는 제도로 정립시킨 것이라고 보아야 할 것이다.

리고 이러한 분석의 과정에서 교과통합의 관점에서 보았을 때, 기존의 소위 '분과교과(compartmentalized subjects)'라는 것은 어떤 의미를 가지고 있는가 하는 점도 함께 살펴볼 것이다.

이 책에서는 현재의 우리나라 교육체제와 무관한 탈맥락적인 통합교과를 다루지 않는다. 여기에서 다루고자 하는 것은 오로지 현재의 우리나라 교육체제 속에서 통합교과가 차지하는 성격에 대해서 살펴보고자 한다. 이것은 앞에서 언급한 순수한 인식론적인 문제를 거론하지 않으면서 이 문제를 다루고자 했던 의도와 일치한다. 이것은 결국 '통합교과는 원래 이런 것이다.'라는 식의 일반적인 규정이 아니라, '통합교과는 이러이러한 것이라고 보아야 한다.'는 식의 특수한 규정이다. 이런 면에서 본다면, 여기서 규정하는 통합교과의 성격은 일종의 '약정적 개념'의 성격을 띠고 있다고 보아야 할 것이다.

그 다음으로 살펴보고자 하는 문제는 통합교과의 문제가 반드시 어떤 특별한 교육이론을 바탕으로 해야 성립할 수 있는 문제인가 하는 것이다. 일반적으로 사람들은 교과통합의 문제는 반드시 어떤 특별한 교육적 관점을 바탕으로 해서만 성립 가능한 문제라고 보고 있다. 그러나 과연 그런가 하는 것은 다시 한 번 검토해 볼 필요가 있다. 통합교과의 문제는 특정한 이론과는 무관한 문제일 수도 있고, 이와는 반대로 모든 교육이론을 원용하여 성립할 수 있는 문제이기도 하다는 것이다. 이렇게 볼 수 있는 근거는 지식의 통합 문제는 현대에 들어와서 새롭게 나타난 문제가 아니라 교육이 존재했던 곳에서는 언제나 존재했으며, 따라서 현재 우리가 주장하는 어떤 교육이론이 나타나기도 전에 이 문제는 항상 존재했었다는 점에서 이렇게 볼 여지가 충분히 있다. 그리고 이것은 결국 인간의 사고가 발전하는 문제와 관련된 것이라 점을 인정한다면 특정한 교육이론과는 관계없이 항상 문제가 될 수 있는 주제이다.

1. '교과의 의미'의 변천 과정

'교과(subject 또는 subject-matter)'는 무엇인가? '교과'라는 용어가 '무엇을 가르칠 것인가?'라는 질문에 대한 하나의 대답인 것은 분명하지만, '교과' 그 자체가 무엇을 의미하는가 하는 것은 분명하지 않다. 이 문제는 어떤 목적으로, 어떤 측면에서 접근하는가에 따라 서로 상이한 논의가 있을 수 있다. 따라서 여기에서는 학문과의 관련 속에서의 교과의 의미에 한정해서 이 문제를 다루고자 한다.

교육에 몸담고 있는 사람이이라면 누구나 알고 있듯이, 현재의 교과의 전신은 희랍시대부터 이어져 온 '7자유학과(seven liberal arts)'라고 보아야 할 것이다.[5] 영어 표현에서 알 수 있듯이, 학과는 'subject'[6]가 아니라 'art'이다. 여기에 표기된 'art'는 희랍어 techne

---

5) '자유학과'에 관한 관심은 희랍시대부터 나타나기 시작하여 4세기 이후에 자유학과 중에서 7가지가 '7자유학과'로 지정되어 고등교육의 표준교과로 되었다. 자유학과에 관한 최초의 포괄적인 저술을 한 학자는 기원전의 '바로[Marcus Terentius Varro(116-27 B.C.)]'였다 (Boyd, 1964, p.108).

6) Random House Dictionary(2015)에서는 'subject'라는 단어가 라틴어로서 사용되기 시작한 시기를 13세기 말에서 14세기 초(대략 1275-1325)로 보고 있으며, 'subject-matter'라는 단어가 사용되기 시작한 시기는 그보다 훨씬 뒤인 16세기 말(1590-1600)로 보고 있다. 문예부흥이 최초로 시작된 시기를 보통 11세기로 본다면 결국 'subject'라는 용어는 문예부흥 이후에 사용되기 시작하여 그 사용의 범위를 확대하였고, 그 후에 'subject-matter'가 추가되었다. 'matter'가 '자료, 물질, 질료' 등의 의미를 가지고 있다는 점을 감안한다면, 교과의 의미

(기술)에 반대되는 개념인 arete에서 온 말로서 그것의 의미는 '선(善)' 또는 '좋은 것'을 추구하는 학문, 즉 포괄적인 진리를 추구하는 학문, 또는 삶을 전체적으로 조망해 볼 수 있도록 해 주는 학문이라는 의미이다.

이렇게 본다면, 이때의 7자유학과는 분명히 학문과 동일선상에 놓여 있는 것으로 볼 수 있다. 우리가 일반적으로 알고 있는 것과는 달리, 7자유학과는 초·중·고등학교 수준의 교과가 아니라 대학 수준의 교과를 지칭하는 것이었다. 이 점을 감안한다면 7자유학과가 학문과 동일선상에 놓여 있는 것은 당연하다고 보아야 할 것이다. 이 7자유학과의 정신은 그 후에도 꾸준히 이어져 왔다. 이 7자유학과의 관심은 일차적으로 개인의 정신적 계발에 있었다(Boyd, 1964).

그러나 문예부흥과 함께 새롭게 나타나게 된 국가정신, 또는 국가에 대한 의식의 발생은 이 7자유학과에 새로운 의미를 부여하게 되었다. 이때까지 교육이 개인적인 발달의 문제로 인식되어 오던 것에서 사회적 의미를 점차적으로 부여받게 되었다. 즉, 교육은 사회에서 필요로 하는 인적 자원을 길러내는 역할을 해야 한다는 것이다. 교육이 국가 발전의 수단으로 간주되는 생각이 대두하게 된 것

로서 'subject'라는 용어가 이미 사용되고 있었는데도 불구하고 왜 또다시 동일한 의미를 나타내는 'subject-matter'가 추가되었는가 하는 것은 교과의 의미 변화라는 측면에서 한 번쯤 생각해 볼 필요가 있다. 'subject-matter'라는 측면에서 보면, 결국 교과는 '자료'라는 의미인가? 그렇다면 그것은 무엇을 가르치기 위한 자료인가? 그리고 subject라는 말의 의미 속에는 '국민'이라는 의미도 포함되어 있다. 이처럼 동일한 단어에 전혀 다른 두 가지 의미가 포함되어 있는 것을 교육학적 관점에서 서로 관련지어 해석한다면, 결국 '교과라는 것은 한 나라의 온당한 국민이 되기 위하여 반드시 배워야 할 내용'이라고 할 수 있으며, 이것이 곧 학생 자신의 의지와는 상관없이 반드시 받아야 할 '의무교육'의 근간이다.

이다(Boyd, 1964, pp.241-275).[7] 이런 경향은 점차적으로 강화되어 18세기 국민국가의 형성시기까지 지속적으로 강화되어 왔고, 이 정신은 오늘날에도 강하게 교육에 영향을 미치고 있다.

국가정신의 탄생은 대학 수준 이하의 교육에 대한 관심도 점차적으로 확대하였다. 비록 체계적이고 전국적인 수준은 아니었지만 초 · 중 · 고등학교 교육에 대한 여러 가지 실험적인 시도가 이루어졌고, 가르치는 내용에 대한 관심도 함께 증가하였다. 교육사에 기록되어 있는 사실로 볼 때, 최초로 '교과'에 대한 내용이 언급되는 것은 16세기 중반에 들어서이다. 비베스(Vives)는 1531년에『교과론』이라는 저서를 내어 놓은 것으로 되어 있다(Boyd, 1964, p.271).

교육의 목적에 대한 생각의 변화가 있었지만 그래도 여전히 가르치는 교과는 7자유학과였다. 교육을 통해서 사회적 일군을 길러 내기 위해서 무엇을 가르칠 것인가 하는 문제에 대해서 여전히 7자유학과의 기본 구조를 받아들이고 있었던 것은 그것이 바탕으로 하고 있었던 '형식도야이론'에 바탕을 둔 '일반전이'에 대한 믿음 때문이었다. 7자유학과를 열심히 배우면 특정한 능력이 길러지고, 이렇게 길러진 능력은 사회에서 필요로 하는 상황에서는 언제든지 전이되어 사용될 수 있다는 믿음이었다.

그러므로 사회에서 필요로 하는 능력을 길러 주기 위해서 7자유학과의 내용과는 다른 내용을 가르칠 필요가 없었던 것이다. 다만 이 7자유학과의 내용을 모국어를 사용하여 가르치는 것이 더 효과

---

7) 이하 번역본이 있는 경우에는 번역본의 페이지를 가리킨다.

적이라는 측면이 부각되어 모국어 교육에 대한 관심이 나타나게 되었다. 이 당시의 다른 한 가지 두드러진 특징은 심리학에 대한 관심의 고조와 함께 교육방법에 관한 관심과 이해가 확대되었다는 점이다. 앞에서 언급한 비베스는 최초로 교육을 심리학적 관점에서 이해하려고 했던 사람으로 알려져 있다(Boyd, 1964, p.273). 모국어를 통한 7자유학과의 교육은 바로 이 교육방법에 관한 관심의 확대가 가져온 결과물이었다.

앞에서 우리는 '교과'는 '무엇을 가르칠 것인가?'라는 질문에 대한 하나[8]의 대답이라고 하였다. 이 질문에 대한 대답으로서 '7자유학과'는 그리스 시대 이후부터 문예부흥기까지 거의 유일한 대답이었다. 그리고 이 7자유학과는 바로 '학문'을 의미하였던 것이다. 그러나 문예부흥 이후 국가 정신의 탄생과 함께 교과의 의미는 변질되었다.

이제 교과는 개인적인 발달에 필요한 내용과 함께 '국가에 필요한 인재를 양성하는 데 필요한 내용'으로 규정될 수 있을 것이다. 국가의 인재를 양성하는 데 가르칠 필요가 있는 내용이 곧 교과의 의미 속으로 들어오게 된다. 그러나 여전히 교과의 주된 내용은 7자유학과를 근간으로 하면서 모국어와 그 밖의 내용들이 받아들여지게 된다. 앞에서 이미 언급했듯이, 그들이 7자유학과를 국가에서 필요로 하는 인재를 양성하는 데 필요한 내용의 근간으로 생각한 것은 바로 형식도야이론에 바탕을 둔 일반전이에 대한 믿음 때문이었다고

---

8) 현재의 관점에서 보면 '하나'의 대답이지만 문예부흥 이전의 관점에서 보면 유일한 대답이었고, 그 내용은 7자유학과였다고 보아야 할 것이다.

보아야 할 것이다. 실제적으로는 여전히 교과의 내용은 학문을 바탕으로 하고 있었지만, 개념상 이제 '교과'는 곧 '학문'이라는 등식은 성립하기 어렵게 되었다.

이러한 생각은 19세기 말과 20세기 초까지 지속되었다. 누구나 알고 있듯이, 19세기 말부터 시작된 실험심리학의 발달과 20세기 초 듀이(Dewey) 교육이론의 등장으로 인하여 이 전통적인 생각은 설득력을 잃게 되었다. 형식도야이론은 오류이며, 일반전이는 일어나지 않는다는 것이 실험심리학에 의해 증명됨으로써 기존의 교육이론은 근본적인 도전을 받게 되었다.

이러한 변화는 당연히 교과의 의미에 대한 생각에도 영향을 미칠 수밖에 없었다. 일반전이가 일어나지 않는다면 이제 생활에 필요한 능력은 직접 가르칠 수밖에 없다는 자연스러운 결론에 도달하게 된다. 이것이 경험중심 교육이론이 등장하게 되는 배경이다. 이제 '무엇을 가르칠 것인가?'라는 질문에 대한 대답으로서 '교과'라는 대답은 상당할 정도로 설득력을 잃게 되었다. 이때부터 가르칠 내용에 대한 논쟁은 그 끝이 보이지 않을 정도로 격렬한 서막을 알리게 되었다. 그리고 이 논쟁은 아직도 진행 중이다.

보비트(Bobbitt, 1918)가 『교육과정』이라는 저서의 출판과 함께 교육에 새로운 용어와 개념을 도입하게 된 것도 결국 이러한 맥락에서이다. '교육과정'이 무슨 의미인가 하는 것도 결코 쉽게 파악할 수 있는 것은 아니지만 그중의 가장 중요한 의미는 역시 '가르칠 내용의 체계'일 것이다. 이때까지 가르칠 내용은 당연히 교과였다면, 이제 사람들은 그 생각에 도전장을 던지게 된다. '교육과정'이라는 용어는 그 자체가 가르칠 내용이 반드시 교과만을 의미하는 것은 아니라는 것을 주장하기 위해서 의도적으로 도입된 용어라고 보아야 한다.

이제 교과의 의미는 또 한 번의 변화를 겪게 된다. 교과는 '개인의 발달과 사회생활에 필요한 내용'이라는 20세기 초까지의 생각이 그 대로 유지되지만, 이때 말하는 내용은 이제 학문이 주를 이루는 내용을 의미하는 것이 아니게 되었다. 이제 '경험'이라는 새로운 내용이 이전의 학문에 추가되었다. 경험중심주의 교육을 주장했던 사람들 중에서 극단적인 경우에는 학문을 경험으로 대치하려고 했다는 사실을 우리는 잘 알고 있다. 보비트(Bobbitt)가 '교육과정'이라는 새로운 용어를 사용한 것은 결국 가르칠 내용으로서의 교과와 경험을 모두 포괄해서 표현하기 위해서였다고 보아야 할 것이다. 이렇게 본다면, 사실적인 수준이든 개념적인 수준이든 간에 '교과는 곧 학문을 의미한다.'는 생각은 20세기 초에 완전히 무너졌다고 보아야 할 것이다.

이제 교과는 각 국가가 자국의 다음 세대들에게 가르칠 필요가 있다고 판단되는 내용을 조직해 놓은 것을 의미하게 되었다. 경험중심 교육과정에 대비되는 개념으로서의 교과중심 교육과정에서의 '교과'라는 용어의 의미는 분명히 '학문'을 지칭하는 것으로 볼 수 있을 것이다. 그러나 경험중심 교육과정, 학문중심 교육과정 등을 거치면서 오늘에 이른 교과의 의미는 다양한 내용이 포함된 포괄적인 의미를 가지고 있다고 보아야 할 것이다.

교과중심 교육과정에서의 교과의 의미를 정의하자면, 그것은 아마 '학생들에게 가르칠 가치가 있다고 생각되는 지식(또는 학문)을 학습 가능한 형태로 체계화시켜 놓은 것'이 될 것이다. 그러나 오늘날에 있어서 교과의 의미를 정의하자면, 그것은 아마 '학생들에게 가르칠 가치가 있다고 생각되는 내용을 학습 가능한 형태로 체계화시켜 놓은 것'이 될 것이다. '지식' 또는 '학문'이라는 용어가 포괄적인 의미에서의 '내용'으로 바뀐 것이다. 이제 교과는 곧 지식을 의미하는 것이 아니다.[9] 이 '내용'에는 지식은 물론이요, 기능, 기술, 정서, 관습, 습관 등 국가에서 가르칠 필요가 있다고 생각되는 온갖 것들이 포함될 수 있고, 사실상 오늘날의 교과는 이러한 모습을 띠고 있다.[10] 이제 교과는 국가의 필요와 목적에 따라 얼마든지 자유롭게 편찬하여 가르칠 수 있는 것이다. 함린(Hamlyn, 1979)은 어떤 것이 교육내용(즉, 교과)이 될 수 있는가 하는 문제에 대해서 다음과 같이 말하고 있다.

추상적인 수준에서 보면, 우리가 교육내용에 관하여 말할 수 있는 것은 오직, 학습할 수 있는 것은 무엇이든지, 적어도 원칙상으로는(실제에 있어서는 아니라 하더라도) 교육내용이 된다는 것, 그리고 경험(여기에는 교육효과도 물론 포함된다)을 통해서 알 수 있는 것은 무엇이든지(역시 원칙적으로는) 학습의 내용이 된다는 것이다(Hamlyn, 1979, p. 253).

국가의 입장에서 본다면 학생들에게 학습시킬 필요가 있고, 학생

---

9) 그럼에도 불구하고 지금도 많은 사람들은 '교과'라고 하면 오로지 '지식의 체계'로서의 교과만을 떠올리는 것은 지금도 여전히 교과의 중요한 내용은 '지식'이 차지하고 있기 때문이다. 지식 중에서도 학문과의 관계 속에 놓여 있는 지식들이 교과의 대부분을 차지하고 있기 때문이다. 이 점은 학문이 교과의 내용으로서 그만큼 중요하다는 것을 의미한다고 보아야 할 것이다.

10) 우리나라에서 가르치고 있는 '실과', '환경', 미국 펜실베이니아주에서 가르치고 있는 '위생' 등의 교과는 바로 이러한 모습의 대표적인 보기이다.

의 입장에서는 학습할 수 있는 내용이라면 그것이 무엇이든 간에 교과로 들어올 수 있는 것이다. 그리하여 현재 각 국가에서 가르치는 교과의 모습과 수는 결코 동일하지 않다. 교과에 대한 현재의 생각을 고려한다면 당연한 결과이다. 우리나라의 통합교과도 이러한 생각의 연장선상에서 이해해야 한다.

2. 교과의 일반적 성격

일반적으로 우리는 통합교과와 대비되는 개념으로서의 '분과교과'에 대해서는 '하나의 독립된 지식체계를 가지고 있는 교과'라는 막연한 생각을 하면서 더 이상 그것을 지식의 '통합'과 관련지어 생각하지 않는다. 그러나 만약 '각 분과교과는 모두 하나의 독립적인 독특한 사고양식 또는 경험의 양상(mode)을 나타내고 있는가?'라는 질문을 제기한다면 이것에 대한 대답은 그렇게 쉽게 하기 어려울 것 같다. 전통적인 수학과[11]나 과학과[12]는 아마 독자적인 사고양식의 체계라고 말할 수 있을 것이다. 이들 교과는 독특한 개념과 개념체계를 가지고 있으며, 또한 그 내용의 진위 여부를 판단할 수 있는 사정 체계를 확립해 놓고 있다. 그러나 국어과는 어떤가? 국어과의 성격을 분석함으로써 그 밖의 기존 교과의 성격 또한 유추해 보고자 한다.

---

11) 그러나 2009 개정 교육과정에서 도입된 '스토리텔링식'의 수학과는 이미 독립적인 사고양식이라고 보기 어렵게 되었다.
12) 과학과도 STS교육, STEM교육, STEAM교육으로 변화되어 가면서 이러한 독특한 성격을 점차적으로 잃어가고 있다.

국어는 어떤 성격을 띠고 있다고 보아야 하는가? 국어는 하나의 독특한 사고체계를 가르치는 교과인가? 교사, 학생, 학부모들은 모두 국어과는 기본교과, 도구교과, 주요교과라는 생각을 하고, 가르치고 배워야 할 내용과 범위가 방대하다는 막연한 인식을 가지면서 그것은 오로지 적극적으로 받아들여서 자기 것으로 만들 필요가 있는 교과라는 생각에만 급급하지 그것의 성격에 대해서는 깊게 생각해 보지 않는다. 국어를 통해서 우리는 학생들이 무엇을 배우기를 바라고 있는가? 단순히 듣고, 읽고, 쓰기를 바란다면 그것은 단순한 기능 이상의 의미를 가지기 어려울 것이다. 단순히 그것이 목적이라면 초등학교 저학년 단계면 이 목적은 달성될 수 있다.[13] 그렇다면 그 이상의 목적은 무엇인가? 수학이나 과학처럼 국어가 바라는 한 가지 목적이 있는가?

국어가 동일한 한 가지 목적을 가지고 있다고 보기는 어려울 것이다. 여기서 한 가지 목적이라고 하는 것은 다른 교과와는 구분되는 하나의 독특한 사고방식을 가르치는 교과인가 하는 것이다. 예컨대, 국어에서 가르치는 '심청전'을 예로 들어 보자. 국어에서 심청전을 왜 가르친다고 보아야 하는가? 심청전을 가르치는 목적이야 여러 가지가 있겠지만 누가 무어라고 하더라도 심청전의 주제는 '효(孝)'이며, 효는 '도덕적 사고방식'이며, 바로 도덕의 핵심 내용에 해당한다. 주제라는 것이 학생들이 학습을 한 후에 내면화하기를 바

---

13) 이 주장에 대해서 누군가는 고차원적인 성격의 읽기, 쓰기, 말하기를 주장할지 모르지만 그것은 원칙적으로 국어과가 아닌 다른 교과들의 지식 또는 내용을 필수적으로 요청하게 된다.

라는 가장 중요한 정신적 자질이라는 것을 인정한다면, 이 수업에서 학생들이 수업을 받은 후에도 효에 관한 아무런 사고의 발전도 없었다면 비록 그 수업이 다른 많은 것을 가르쳤다고 하더라도 그 수업은 성공한 수업이라고 말하기 어려울 것이다. 국어에서는 '심청전'을 수단으로 하여 '효'를 가르치고 있는 것이다. 이런 의미에서 국어는 도덕적 사고방식을 가르치기 위한 수단이다.

　다른 한 가지 예를 더 들어보더라도 마찬가지의 해석이 나올 수밖에 없다. 일반적으로 국어에서 '시'를 가르치는 것은 학생들의 정서 순화, 정서 함양이라고 말한다. 이것은 곧 국어가 '심미적 경험'을 가지도록 하는 것이며, 이 점에서 예술과 동일한 목적을 수행하고 있는 것이다. 뿐만 아니라, 시를 통해서 애국심이라는 도덕적 사고방식을 가르치기도 하고, '삶의 가치 또는 의미'라는 '철학적 사고방식'을 가르치기도 한다. 학생들이 최종적으로 내면화하기를 바라는 내용의 측면에서 본다면 국어는 아마 수학이나 과학을 제외한 거의 모든 교과의 내용을 다루고 있다고 보아도 과언이 아닐 것이다.

　문예부흥기에 모국어가 교과로서 도입된 동기가 7자유학과를 보다 효과적으로 가르치기 위한 수단으로 도입되었다는 점을 감안한다면 국어의 성격이 수학이나 과학과는 판이하게 다르다는 점은 너무나 당연한 일인지도 모른다. 국어는 그 자체의 독특한 사고방식을 나타내는 교과가 아니다. 그야말로 세계를 이해하는 다양한 사고방식이 통합되어 있는 것이다.[14] 국어는 모국어라는 언어와 문자

---

14) 허스트(Hirst)에 의하면, '국어'는 하나의 독특한 '지식의 형식(forms of knowledge)'을 가르치는 교과가 아니라 다양한 지식의 형식을 가르치기 위한 하나의 '지식의 분야(fields of

를 통하여 세계를 이해하는 수단이다. 국어는 언어와 문자가 가지고 있는 독특한 특징을 이용하여 문학, 시, 전기, 설명문 등의 다양한 스타일을 활용하여 교육의 효과를 극대화하고 있다. 국어는 모국어라는 수단을 통하여 다양한 사고의 형식, 이해의 형식, 또는 지식의 형식[15]을 교수하는 데 유리한 교과이다. 결국 국어가 도구교과라는 말의 정확한 의미는 도덕적 사고, 심미적 사고, 사회학적 사고 등을 교육하는 데 효과적이면서도 중요한 도구가 될 수 있다는 의미이다. 그러므로 교과로 본다면 그 어떤 교과보다 중요한 교과임에 틀림이 없다고 보아야 할 것이다. 일반적인 상황에서 인간은 누구나 모국어로 사고한다는 점을 감안한다면 당연한 일이라고 볼 수 있다.

여기서 국어의 성격을 하나의 사고방식을 가르치는 교과가 아니라 다양한 사고방식을 가르치는 교과라는 점을 분석한 것은 국어의 성격 그 자체를 이해하기 위해서가 아니라, 우리가 일반적으로 생각하는 것과는 달리, 국어는 다양한 사고방식의 교수라는 목적을 달성하기 위한 '통합적 성격'을 가진 교과라는 점을 드러내기 위해서였다.

국어뿐만 아니라, 대부분의 교과는 하나의 독립적이고 체계적인 사고체계(즉, 학문)를 가르치기 위한 것이 아니다. 수학과 과학처럼 교과와 사고체계가 일치하는 경우도 있지만, 많은 교과들은 어떤 특

---

knowledge)'이다.

15) 이들 용어는 사용하는 사람과 맥락에 따라 다양하게 사용되고 있지만, 궁극적으로는 동일한 의미를 가지고 있는 것으로 파악해야 한다. 이런 용어들은 모두 이 세계를 다양한 측면에서 이해하는 방식을 의미한다.

정한 대상이나 주제를 중심으로 다양한 사고방식을 가르치기 위해서 조직된 것이다. 물론 교과에는 사고방식만이 들어 있는 것은 아니다. 교과라는 말 자체가 다목적인 의미를 내포하고 있다. 앞에서 예로 든 국어의 경우에는 '모국어'라는 대상을 중심으로 온갖 사고방식을 조직해 놓은 것이다. 우리는 교과와 그것에 담겨 있는 내용을 구분할 필요가 있다. 교과와 구분되는 경험의 공적 양상 또는 양식(Hirst & Peters, 1970, p. ix)이 존재한다.

> 지리나 영어처럼 토픽이나 프로젝트 양식의 교육과정을 사용하여 한 가지 이상의 서로 상이한 사고양식을 가르치는 것을 목적으로 하는 교과들은 효과적으로 조직되고 활용되면 아주 중요한 교육적 기능을 할 수 있다(Hirst & Peters, 1970, p.71).

위의 인용문에서 허스트와 피터즈가 언급하고 있는 '영어'는 정확하게 우리가 앞에서 국어과에 관해서 언급했던 내용과 일치한다. 현존하는 교과는 논리적으로 보나 심리적으로 보나 어느 면으로 보더라도 신성불가침한 것이 아니고, 다소간 임의적으로 구분하여 조직한 것이라고 보아야 하며, 다양한 사고의 형식을 필요에 따라서 취사선택하여 조직해 놓은 것이다. 교과는 여러 가지 영향을 받으면서 변화·발전해 왔다(Hirst, 1974, p.50).

이때까지 우리 민족이 '단일민족'이었다는 것이 착각이었듯이, 현존하는 분과교과 또한 단일한 사고방식을 가르치는 교과라는 생각 또한 착각이다. 그러므로 각각의 교과는 '어떤 고유한 특성을 가지고 있고, 그것을 통하여 어떤 고유한 사고방식을 가르치는가' 하는 것이 중요한 것이 아니라, 우리가 궁극적으로 가르치고자 하는 사고 방식, 이해의 방식, 또는 지식의 형식을 어떤 식으로 조직하는 것이 가장 효과적으로 가르칠 수 있는가 하는 것이 중요한 문제가 된다. 수학과의 '스토리텔링'이나 과학과의 'STS'부터 'STEAM'으로의 변화는 바로 이 점을 보여 주는 하나의 증거이다.[16]

교과가 절대적인 구분이 될 수 없다는 이러한 생각은 교과의 의미나 가치에 대해서 회의적인 생각을 가지고 있었던 사람들뿐만 아니라, 허스트나 피터즈처럼 교과교육에 절대적인 의미를 부여했던 사람들조차 가지고 있었던 생각이다. 인류의 문화유산으로서의 교과 교육에 대해서 풍부하면서도 심오한 의미를 부여했던 오크쇼트(Oakeshott)조차도 교과의 조직에 대해서 다음과 같이 말하고 있다.

교사가 해야 할 일은, 그가 전달하고자 하는 정보가 학생에게 보다 쉽게 학습될 수 있도록 그것을 조직하는 일이다. 이 조직으로 말미암아 '무기력한 사실들'은 조직되지 않은 상태와는 다른 새로운 양상을 띠게 된다. …… 정보는 또한, 인류 문명의 가장 위대한 업적인 사고의 다양한 양식, 또는 앞에서 쓴 용어로 다양한 '언어'를 따라서 조직될 수도 있지만, 이것은 아직 초보자에 불과한 학생의 입장에서는 지나치게 어렵고 복잡하다. 이러한 상황에서 이때까지 우리가 취해 온 조치, 정보를 전달하는 사람으로서는 당연히 그럴 수밖에 없었으리라고 생각되는 조치는, 다소간 임의적으로 구분된 교과들—지리, 라틴어, 화학, 산수, 시

---

16) 일반적으로 사람들은 서로 상이한 교과 사이에서 서로 중복되는 내용 또는 사고방식이 발견될 때 교과의 구분이라는 측면에서 간혹 혼란스러워 하는 경우가 있는데, 이상의 논의를 감안한다면 교과 간에 내용이나 사고방식이 중복되는 것은 당연한 현상이며, 또한 전혀 문제될 것이 없다고 보아야 할 것이다.

사 등, 학교나 대학의 교육과정에 나와 있는 교과들—의 형태로 정보를 조직하는 방법이다. 이들 교과는 각각 사고의 양식이 아니라 정보의 조직이지만, 그럼에도 불구하고 그 각각의 조직은 정보가 가지고 있는 원래의 성격(무엇인가를 한다든가 만든다든가 이해하는 데에 도구로서 사용된다는 성격, 즉 규칙 또는 명제로서의 성격)이 드러나도록 해 주며, 그렇게 함으로써 정보가 가지기 쉬운 무기력성의 결함을 다소간 완화시켜 준다 (Oakeshott, 1965, pp.162-163).

기존 교과는 우리가 일반적으로 생각하는 것과는 달리 하나의 독특한 사고방식 또는 이해의 방식을 나타내는 것이 아니라, 한 교과 안에서도 다양한 사고의 방식이 공존한다. 물론 이러한 분석은 결코 교과의 모든 것이라고 볼 수는 없지만, 교과의 가장 중요한 내용 중의 하나인 지식을 중심으로 한 것이다. 각각의 교과가 독특한 목적을 달성하도록 하는 것이 중요한 것이 아니라 모든 교과가 공통적으로 달성하려고 하는 목적이 있다고 보아야 할 것이다. 이 공통적인 목적은 이 세계를 있는 그대로 이해할 수 있도록 도와주는 다양한 사고의 양식이다. 이렇게 본다면 교과는 그 교과를 통하여 학생들에게 내면화시키고자 하는 중요한 정신적 자질인 '주제('subject' -matter)'를 가르치기 위한 '자료(subject-'matter')'라고 볼 여지가 충분히 있다.[17] 내용상으로 보면 다양한 교과들은 서로 얽혀 있는 상태이다. 그러므로 우리는 교과 간의 관계에 대한 지나친 칸막이식 사고에서 벗어나 보다 개방적인 자세를 취할 필요가 있다.

---

17) 이렇게 본다면, 'subject'라는 용어가 있는데도 불구하고 동일한 대상을 지칭하기 위하여 그 후에 'subject-matter'라는 용어가 새롭게 생겨난 것도 이해할 만하다.

3. 초등학교 통합교과의 성격

다른 나라와는 달리, 우리나라 초등학교의 통합교과[18]는 독특한 모습을 띠고 있다. 현재 많은 나라들이 각각의 독립된 교과를 설정해 놓았지만 그것의 운영에 관해서는 교사의 전문성을 믿고 교사가 각 교과들을 자유롭게 통합하여 운영하도록 하는 경우는 많지만, 우리나라처럼 두 개 학년에 '통합교과'를 공식적으로 설정하여 가르치는 나라는 없는 것으로 파악된다.[19] 그러므로 앞의 문제제기에서 이미 언급한 바와 같이, 본 절에서는 '통합교과'의 일반적인 성격을 밝히는 데에 목적이 있는 것이 아니라, 현행 우리나라 초등학교 통합교과의 성격을 필요한 범위 내에서 밝히는 데에 목적이 있다.

이것은 곧 좁게는 우리나라 초등학교 교과교육에서 통합교과가 차지하는 위치를 자리매김하는 것이 될 것이며, 넓게는 삶의 시작부터 유치원을 거쳐 최소한 고등학교까지의 교과교육에서 통합교과가 차지하는 의미를 밝히는 작업이 될 것이다. 초등학교 통합교과는 그 자체의 고유한 성격을 가지고 있다기보다는 이러한 관계 속에서 그 성격이 파생되어 나온다고 보아야 할 것이다.

교과가 '무엇을' 가르칠 것인가에 대한 하나의 대답이라면, 통합교과'는 '무엇을' '어떻게' 가르칠 것인가를 동시에 고려한 대답이라고 볼 수 있다. 여기서 '무엇을' 가르칠 것인가 하는 문제는 교육의

---

18) 이하에서는 특별한 경우가 아니면 '초등학교'라는 말을 생략하고 '통합교과'라는 말로 줄여서 사용하겠지만 그 의미는 '초등학교 1, 2학년에서 가르치고 있는 통합교과'를 의미한다.
19) 물론 일본이나 독일처럼 하나의 자료 형태로 특정한 시간을 할애하여 통합된 교재를 사용하는 나라는 존재한다.

본래적 속성으로부터 나오는 것이라면 '어떻게' 가르칠 것인가 하는 문제는 통합교과가 교육의 전 과정에서 차지하고 있는 위치로 인하여 발생하는 문제이다. 물론 '어떻게'의 문제는 그것이 분과교과든 통합교과든, 그리고 교육의 어느 단계에 위치하는 교육이든 간에 항상 문제가 되는 것이지만, 초등학교 통합교과는 문자와 상징과 기호로 시작되는 교육의 첫 단계라는 이유로 인하여 특별히 요청되는 '어떻게'의 문제이다.

이렇게 본다면, 초등학교 통합교과의 성격도 이 두 가지 측면에 비추어 밝힐 수밖에 없다. 이것은 결국 교육의 내용과 방법 측면에서 통합교과의 성격을 밝히는 것이 된다. 아마 당연한 일이라고 보아야 할 것이다. 이 두 가지를 제외하고 다른 것에서 통합교과의 성격을 찾을 수는 없을 것이다. 통합교과 또한 모든 교과교육의 가장 기본이 되는 이 두 가지 원리에 의하여 설명할 수밖에 없다.

먼저 통합교과의 내용에 대해서 살펴보고자 한다. 무엇을 가르칠 것인가 하는 문제는 20세기 초부터 논쟁이 시작되어 아직까지도 끝나지 않은 교육의 핵심문제이다. 그것은 가치관, 인생관, 교과관, 교육관 등에 따라서 전혀 다른 주장을 할 수 있고, 실제로 그러하다. 그러므로 여기에서는 우리나라의 초등학교 통합교과가 공교육의 과정에서 차지하는 위치로 말미암아 부과되는 내용에 한정해서 살펴보고자 한다.[20]

---

20) 따라서 이 장에서는 교과교육의 가치 문제에 대해서는 언급하지 않고, 기정사실로 인정하는 것에서 논의를 시작한다.

통합교과는, 한편으로는 공식적인 교육 이전의 단계인 유치원 교육과 연결되어 있고, 다른 한편으로는 본격적으로 문자와 상징과 기호로 이루어지는 3학년 교과교육과 연결되어 있다. 이 점이 곧 통합교과의 내용에 관한 성격을 결정한다고 보아야 할 것이다. 통합교과 이전의 교육을 생각한다면 그것은 생활과 관련된 측면이 강하고, 3학년 이상의 교육을 생각한다면 그것은 추상적인 교과와 관련된 측면이 강하다. 통합교과는 이 둘을 모두 고려해야 한다.

현행 통합교과에 대한 비판 중의 하나는 바로 이 점, 즉 아래로는 유치원과의 연계가 부족하고, 위로는 3학년 이상의 각 교과교육과의 연계가 부족하다는 것이다. 그러나 이 '연계'라는 것을 어떻게 해석하는가에 따라 전혀 상이한 주장이 나올 수도 있다. 연계 문제를 어떻게 취급하든 간에 통합교과는 이 둘 사이에 존재한다는 점만은 분명하다. 이 점을 하나의 도표로 나타내면 아마 다음과 같이 될 것이다.

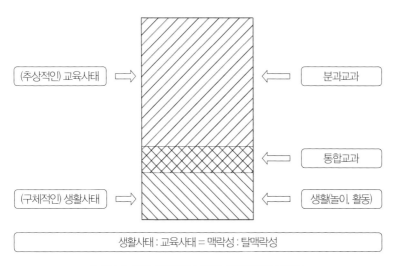

[그림 1-1] 생활, 통합교과 그리고 분과교과의 관계도

[그림 1-1]에서 보는 바와 같이, 통합교과는 생활과 분과교과가 겹쳐져 있는 상태이다. 생활의 연장으로서의 교육과 3학년 이상의 교육의 기초로서의 교육이 곧 현행 초등학교 통합교과의 성격을 말해준다고 볼 수 있을 것이다. 통합교과의 성격을 밝힌다는 것은 결국 이 그림에 어떤 의미를 부여하여 설명할 수 있는가 하는 문제가 될 것이다.

　생활과 관련된 측면에 관해서는 긴 설명이 필요하지 않을 것 같다. 이것은 가정교육의 연장선상에 놓여 있는 교육이다. 이 세상에 태어난 아이들은 살아가기 위해서 많은 것들을 배우지 않으면 안 된다. 기본적인 생활 습관도 익혀야 하고, 위생도 챙겨야 하며, 스스로 건강도 돌볼 줄 알아야 한다. 전통적인 사회에서는 이러한 교육은 가정이 맡아서 수행하였다. 그러나 사람들의 생활 양식이 달라진 지금으로서는 그 역할을 학교가 맡아서 수행할 수밖에 없다. 비록 초등학교에 입학하였다고 하더라도 아이들은 여전히 어리며, 이 점에서 아직 가르쳐야 할 기본적인 생활과 관련된 경험들이 많이 있다. 물론 핀란드처럼 만 7세에 학교에 입학을 한다면 아마 학교의 이 역할은 상당히 줄어들 것이다. 생활과 관련된 교육은 비록 통합교과교육이 끝나고 3학년이 된다고 하여 완성되는 것도 아니다. 그것은 초등학교는 물론이고 중등학교에서도 여전히 필요한 교육이며, 원칙적으로 말하면 인간은 그의 삶이 종식될 때까지 이 교육에 신경을 써야 한다.

　원칙적으로 말하면, 생활의 연장으로서의 교육은 학생이 앞으로 성숙에 의하여 자연스럽게 학습하거나 학교 밖의 생활에서 일상적으로 배우고 있는 내용들은 배제되어야 할 것이다. 그러나 현재의 통합교과는 이러한 구분을 하지 않고 해당 연령의 학생이 배워야 할 내용으로 간주되는 것은 모두 교육내용으로 가르치고 있다. 이 점에서 현재의 통합교과는 '교육의 대상이 되는 내용'과 '교육의 대상이 되지 않는 내용'이 혼재되어 있는 것으로 볼 수 있다. 그러나 과거의 전통적인 교육처럼 '교육'의 의미를 '지식을 가르치는 것'으로 배타적으로 규정할 수 없는 오늘날의 상황에서는 이러한 상황 또한 교육적인 것으로 받아들여야 할 것이다.

생활의 능력을 가르치는 측면에서 보면, 전통적인 가정교육에 비하여 현재의 학교교육은 효과적이지 못하다. 여기서 '효과적이지 못하다.'고 말하는 것은 학교교육은 아무리 생활 장면을 설정하여 가르친다고 하더라도 그것은 맥락을 벗어난 것이라고 보아야 하며, 비록 맥락을 제공해 준다고 하더라도 그것은 인위적인 맥락일 뿐이라는 것이다. 사회의 실제적인 문제와 관련된 능력은 역시 사회의 실제적인 장면에서 배우는 것이 가장 효과적이라고 보아야 할 것이다. 현재 통합교과를 통해 열심히 가르치고 있는 내용들 중에서 기성세대들은 그 내용을 학교에서 배우지 않았지만 누구나 알고 있는 내용들이 많이 들어 있다는 점을 감안한다면 이 점은 더욱 분명해진다.

생활에 필요한 능력을 가르친다는 점에서 보면, 인위적으로 가르쳐야 배울 수 있는 내용과 성숙이나 사회생활 속에서 자연스럽게 학습하게 될 내용을 구분하지 않는 것은 분명히 문제점으로 지적될 수 있지만, 그럼에도 불구하고 이것이 교육적으로 받아들여질 수 있는 여지는 오로지 그것이 다음 교육을 위한 기초를 마련해 준다는 점에서이다. 이 문제는 곧 3학년 이상의 교육의 문제와 연결된다.

[그림 1-1]에서 보는 바와 같이, 통합교과는 구체적인 생활사태와 추상적인 교육사태의 중간에 위치하고 있다. 이 두 사태의 차이는 결국 맥락성과 탈맥락성의 차이로 구분될 수 있을 것이다(이홍우, 1992, p.97). 맥락이 있는 생활사태에서는 아이가 어떤 경험을 할 때에는 그것과 관련된 정서를 포함한 온갖 내용이 동시에 결합되어 자연스럽게 의미를 창출하며, 아이는 큰 어려움 없이 그 경험과 관련된 의미를 학습하게 된다. 이것이 생활사태의 특징이다. 이 문제 또한 교육인식론적으로 충분히 탐구해 볼 만한 현상이다. 이 문제에 대해서 비트겐슈타인(Wittgenstein, 1953)은 아이의 인식이 가능한 것은 일종의 언어 게임으로 이루어지는 '삶의 형식'에 입문했기 때문이라고 주장하였다. 다시 말하면, 아이는 사회 속에 태어났다는 바로 그 점으로 인하여 사람들이 사용하는 언어 게임의 규칙을 익히게 되고, 언어를 사용하는 것 자체가 사회 속에서의 인식이 가능하게 한다고 보았다. 그리고 실제로 아이들은 누가 가르치지 않았는데도 불구하고 많은 내용을 배우게 된다. 이것이 사회 그 자체가 가지고 있는 교육적 속성이다. 사회학자들은 이것을 두고 '사회화'라고 부른다. 사회의 교육적 영향력은 분명히 존재하지만 그것은 자연스럽게 이루어진다는 점에서 교육의 주된 관심사가 아니다.

이와는 달리, 추상적인 교육사태는 자연스럽게 의미를 파악할 수 있는 사태가 아니다. 그것은 인위적인 노력을 기울여 의미를 탐구하지 않으면 그 어떤 의미도 학습할 수 없는 사태이다. 분과교과는 성격상 대부분 이러한 내용들로 구성되어 있다. 이런 어려운 내용들을 과연 가르치고 배워야 하는가 하는 문제는 지금도 뜨거운 논쟁거리이지만 그러한 내용들이 분과교과를 이루고 있다는 것은 기정사실이다. 그리고 통합교과는 이 분과교과의 출발점에 놓여 있다. 이 위치에서 통합교과가 어떤 역할을 해야 하는가 하는 것도 통합교과의 성격을 밝히는 중요한 한 가지 과업이 된다.

그러나 현재의 통합교과는 외관상 분과교과와는 상당히 다른 모습을 하고 있다. 분과교과는 기본적인 것에서 높은 수준으로 나아가도록 조직되어 있는 특정한 지식의 체계를 바탕으로 하고 있다. 이에 반하여, 통합교과는 주제 중심으로 특별한 지식의 체계를 따르고 있지 않다. 그리고 통합교과와 분과교과는 일대일의 대응관계를 이루고 있지도 않다. 이 둘의 관계를 어떻게 해석하면 통합교과가 현행 분과교과의 기초를 이루고 있다는 말이 될 수 있을 것인가?

현행 통합교과는 분과교과와의 차별성을 강조하고 있다. 그러나 그 차별성이 정확하게 어떤 것인가 하는 것은 분명하지 않으며, 또한 만약 그야말로 통합교과가 분과교과와 전혀 성격을 달리하는 것이라면 우리는 어떻게 통합교과를 분과교과의 기초로서 정초할 것인가 하는 어려운 문제에 봉착하게 된다. 통합교과는 분명히 분과교과와는 상이한 측면이 있다. 그러나 분과교과의 기초를 이룬다는 측면에서 반드시 동일한 측면도 있다는 말을 해야 한다. 어떻게 하면 '서로 상이하면서도 동일하다.'는 이 패러독스를 해결할 수 있을 것인가?

현행 통합교과는 '탈학문적 접근'이라는 점을 강조하고 있다. 이 말은 정확한 말이라고 보아야 하는가? 이 용어는 통합교과는 '학문과 무관하다.'는 인상을 준다. '탈학문적'이라는 용어는 '방법론적인 측면'에서는 맞는 말이지만 '내용적인 측면'에서는 정확한 말이 아니다. 통합교과는 지식의 체계를 따라서 내용을 조직하지도 않고 그것에 따라 가르치는 것도 아니다. 예컨대, '봄'이라는 주제를 가지고 수업을 시작하는 방식은 분명히 학문과는 무관한 접근방식이다. '봄'이라는 주제 그 자체가 어떤 특정한 학문의 지식 체계를 가리키는 것은 아니기 때문이다. 주제 중심의 통합교과는 학생들에게 통합된 지식을 가르치는 방식이 아니라 다양한 지식이 통합되어 있는 자료 또는 다양한 지식이 분화되어 출현하기 이전의 상태인 자료를 통하여 다양한 성격의 지식을 가르치는 방식이다. 이러한 점을 감안한다면, 방법론적인 측면에서 통합교과가 탈학문적이라는 주장은 분명히 설득력이 있다.

그러나 '봄'이라는 주제하에서 다루어지는 내용들조차 학문과 무관하다고 주장하는 것은 문제가 있는 것으로 파악된다. 이것은 학문이라는 것을 너무 지나치게 상징적인 기호의 체계로 인식한 결과이다. 우리는 일반적으로 학문이라는 용어를 사용하지만 학자에 따라서는 이것을 '이해의 형식 또는 양식' '사고의 형식' '경험의 양상' '지식의 형식' 등과 같이 다양한 용어로 사용하고 있다. 이러한 용어들은 비록 표현 방식은 다르지만 모두 동일한 대상을 지칭하고 있다. 이들 다양한 용어 중에서 교육학에서 일반적으로 가장 많이 통용되는 용어가 '지식의 형식'이므로 이하에서는 주로 이 용어를 사

용하고자 한다. [21)]

앞에서 예로 든 '봄'이라는 주제를 가지고 교사가 수업을 할 때 학생들이 생각하고 배우는 내용들은 모두 이후의 다양한 지식의 형식과 관련이 있다. [22)] 이것은 브루너(Bruner, 1960)의 "지식의 최전선에서 새로운 지식을 만들어 내는 학자들이 하는 것이거나 초등학교 3학년 학생이 하는 것이거나 막론하고 모든 지적 활동은 근본적으로 동일하다는 것이다. ……이런 활동에서의 차이는 일의 종류에 있는 것이 아니라 지적 활동의 수준에 있는 것이다."(Bruner, 1960, pp. 58-60)라는 그의 주장과 정확하게 맞아떨어지는 경우이다. 통합교과가 어떤 특정한 '교과'의 내용을 가르치고 있다고 주장하는 것은 정확한 주장이 아니지만, 통합교과는 어떤 특정한 '지식의 형식'에 속하는 내용들을 가르치고 있다는 주장은 받아들여야 할 것이다. 예컨대, 앞의 '봄'이라는 주제에 대해 다루는 내용 중에서 '봄에 볼 수 있는 식물을 조사하는 것'은 정확하게 '자연과학적인 사고방식'이며, '새싹을 함부로 꺾지 말아야 한다.'는 점에 대해서 논의하고 있다면 그것은 정확하게 '도덕적인 사고방식'에 대해서 배우고 있는 것이다. 이것은 다음에 보다 추상적인 지식의 형식으로 발전해 간다.

학문이라는 것이 인간의 일반적인 경험을 특별한 관점에서 이해하는 것을 의미한다면, 통합교과를 다루는 과정에서 아이들도 자신의 경험을 특별한 관점에서 이해하고 있으며, 이 점에서 아이도 학

---

21) 물론 여기서 사용하는 '지식의 형식'이라는 용어는 허스트가 사용한 대로의 의미에서의 지식의 형식을 의미한다.
22) 앞에서 우리는 이미 교과와 지식의 형식이 일대일로 대응되는 것은 아니라는 점을 국어과를 분석하는 과정에서 확인하였다.

문의 대열에 이미 들어섰다고 말해야 할 것이다. 물론 이러한 이해
는 아이가 개인적으로 만들어 낸 이해의 방식이 아니다. 그것은 바
로 앞선 세대에 의해서 정립된 관점이 '언어'라는 수단을 통하여 아
이에게 내면화된 것이다.

허스트는 "지식의 형식은 다른 것이 아니라, 인류의 경험을 사람
들이 이해할 수 있는 방식으로 구분해 놓은 것이다."(Hirst, 1974,
p.40)라고 말하고 있다. 경험은 어른들만이 하는 것이 아니라는 점
을 인정한다면 아이들도 당연히 지식의 형식을 소유하고 있다고 말
해야 할 것이다. 동일한 종류의 지식의 형식을 소유하고 있지만 그
수준에서는 차이가 날 뿐이다. 허스트는 이 점에 대해서 다음과 같
이 주장하고 있다.

> 다양한 지식의 형식은 우리가 매일 생활하는 일상세계의 공통된 지식
> 의 영역 안의 낮은 발달 단계에서도 얼마든지 찾아볼 수 있다. 이 낮은
> 단계의 지식의 형식에서 더 발달된, 분명히 구분되는 지식의 형식으로
> 뻗어 나간다. 그러나 이 상이한 지식의 형식의 단계에서도 기본으로서
> 공통된 지식의 요소들을 가지고 있다(Hirst, 1974, p.44).

> 더 높은 단계에서 자유교육(지식의 형식)이 어떤 형태를 취하든지 간
> 에, 일상생활의 지식의 공통된 영역 안에서의 폭넓은 기초적인 교육이
> 논리적으로 가정되어 있으며, 이 일상생활의 지식 속에는 보다 구분되
> 는 학문(지식의 형식)이 태아적 형태로 들어 있는 것을 볼 수 있으며, 이
> 태아적 지식의 형식에서 보다 구분되는 지식의 형식으로 발전해 나간
> 다는 점을 잊지 말아야 할 것이다. 이 기본적이고 원초적인 교육 속에

서 아이들의 경험의 범위가 점차적으로 꾸준히 성장하고, 언어적, 상징적 형식을 점차적으로 더 많이 사용함으로써 다양한 이해의 양식, 즉 과학, 역사, 종교, 도덕 등의 지식의 형식의 기초가 놓여진다(Hirst, 1974, p.51).

허스트의 주장을 따른다면, 우리가 하는 모든 지적 활동은 곧 지식의 형식을 추구하는 활동이 된다. 그러므로 통합교과 수업시간은 성격상 지식의 형식을 추구하는 활동이며, 따라서 학문과 무관하다는 주장은 성립하기 어렵다. 요즘 허스트의 지식의 형식에 대하여 이제 이 이론은 한물간 이론이며, 더 이상 고찰할 필요가 없는 이론으로 간주하는 경향이 있다. 그것은 허스트 자신이 노년에 발표한 몇 가지 논문[23]에서 지식의 형식을 주장했던 자신의 신념을 반성하면서 이제 교육은 '지식의 형식'이 아닌 '사회적 실제(social practice)'를 가르쳐야 한다고 설파한 주장 때문이다. 비록 허스트가 오해의 여지를 남겨 놓은 것은 분명하지만,[24] 이것은 지식의 형식과 관련된 허스트의 정확한 견해가 아닌 것으로 파악된다. 허스트의 다음과 같은 주장을 보면, 지식의 형식은 여전히 의미를 가지는 것으로 해

---

23) 그것은 다음의 4개의 논문 속에서이다.
   • 「교육, 지식, 그리고 실제(Education, Knowledge and Practices)」
   • 「국가교육과정의 기초: 왜 교과지?(The Foundations of the National Curriculum: Why Subjects?)」
   • 「전문직의 요구와 교직 준비(The Demands of Professional and Preparation for Teaching)」
   • 「교육목적의 성격(The Nature of Educational Aims)」
24) '사회적 실제'를 주장하는 허스트의 논의에는 분명히 혼란스러운 면이 있다. 사회적 실제라는 것을 '전통 속에서 사회적으로 형성된 것'이라고 하면서 엄연히 전통 속에서 사회적으로 형성된 지식의 형식 또는 학문을 사회적 실제에서 배제하는 것은 일종의 '범주오류'라고밖에 할 수 없을 것 같다.

석해야 할 것이다. 즉, "나는 아직도 여전히 논리적 특성과 명제의 진위 판단 기준의 관점에서 보았을 때 지식의 형식들은 서로 구분될 수 있다고 생각하고 있다"(Hirst, 1993, p. 196). 그는 자신이 어떤 점에서 오류를 저질렀는지를 다음과 같이 말하고 있다.

> 소위 '합리주의적' 접근방식의 최대 실수는 이론적 지식을 합리적 실제와 좋은 삶의 수단과 목적을 결정하는 유일한 형태의 지식으로 보았다는 점이다(Hirst, 1993, p. 193).

> 나의 주된 실수는 이론적 지식을 건전한 실제적 지식과 합리적인 개인적 발달의 논리적 기초로 보았다는 점이다. …… 나는 이제 실제적 지식이 이론적 지식보다 더 기본적이라고 생각하며, 전자는 후자의 적절한 의미를 파악하는 데 기초가 된다고 생각한다(Hirst, 1993, p. 197).

허스트가 저질렀던 오류는 바로 이론적 지식을 배우는 것이 보다 합리적이고 보다 좋은 사회적 삶을 살아가는 데 유일한 지식으로 간주하였다는 점이다. 당연한 반성이다. 이론적 지식만이 오로지 우리의 사회적 삶의 질을 결정한다는 주장은 지나친 합리주의적인 발상이다. 이것은 과거에 교과의 의미에 대해서 사람들이 학문만을 인정하면서 그것이 곧 사회적 삶에 직접적으로 활용될 수 있다고 생각한 것과 동일한 실수이다. 이렇게 본다면, 허스트의 전기[25] 주장은 이름하여 '신형식도야이론'으로 간주될 여지가 충분히 있다.

그러나 위의 두 번째 인용문에 나타난 내용은 좀 더 유심히 고찰

---

25) 허스트의 이론은 전기와 후기로 나누어질 수 있는데, 전기는 '지식의 형식'을 강조한 반면에, 후기는 '사회적 실제'를 강조하였다.

할 필요가 있다. 이론적 지식이 실제적 지식과 합리적인 개인적 발달의 기초로 간주한 것은 오류였지만, 반대로 실제적 지식이 이론적 지식의 기초가 된다는 것은 분명하다는 점이다. 통합교과는 이론적 지식을 위한 실제적 지식의 기초를 마련하는 과정이다. 통합교과는 실제적 지식을 논의하지만 그것은 3학년 이상의 교육에서 주된 내용이 되는 이론적 지식의 바탕이 된다. 이 실제적 지식 없이는 이론적 지식은 없는 것이다. 교육과 관련지어 말하자면, 실제적 지식과 이론적 지식은 동일한 대상의 수준에 따른 상이한 이름에 불과하다고 보아야 할 것이다.

통합교과에서 가르쳐야 할 내용으로서 성숙이나 사회적 생활 속에서 자연스럽게 학습하게 되는 내용들을 배제하지 않고 모두 다루는 것은 오로지 이론적 지식을 위한 바탕으로서의 실제적 지식을 다룬다는 측면에서 정당화된다. 이 점에서 통합교과교육은 분과교과교육을 위한 경험을 보완하고 정지하는 과정이라고 말할 수 있을 것이다. 3학년 이상에서 다룰 이론적 지식에 대한 실제적 지식 또는 경험이 부족하다면 당연히 3학년 이상의 사고 과정에서 어려움을 겪을 것이라는 점은 분명하다. 초등학교 교사라면 누구나 알고 있듯이, 초등학교에 입학하는 학생들 개인을 두고 보면 경험의 정도는 천차만별이며, 지역에 따라서도 차이가 난다. 이러한 상황에서는 학년이 올라가면서 점점 더 학력에 차이가 날 것이라는 점은 실질적인 증거를 확보하지 않더라도 누구나 짐작할 수 있는 일이다. 왜냐하면 이론적 지식의 획득 과정은 오로지 이전 지식을 바탕으로 새로운 지식을 받아들이면서 성장해 가는 치밀한 논리적 과정이기 때문이다.

이 점에서 본다면, 통합교과는 생활과 분과교과 사이에 놓여 있으면서 부족한 경험을 보완하는 기간으로 간주될 수 있다. 통합교과는 생활사태의 경험을 보완하고 발전시키는 자체의 목적을 수행하면서 동시에 이 과정이 곧 분과교과의 기초가 되도록 한다. 통합교과는 해당 학령의 아동이 배워야 할 내용들로 구성되지만, 그것은 곧 3학년 이상에서 가르치는 교과의 기초가 된다는 점에서 이 과정은 교과교육에 대한 점진적인 적응의 과정, 구체적인 생활사태와 추상적인 교육사태의 교량 역할을 하는 과정, 탈맥락성으로 인한 추상적인 교육사태의 어려움을 완화해 주는 완충지대, 본격적인 이론적 지식을 위한 준비기간, 생활의 성격을 띤 활동이나 놀이를 통하여 이론적 지식의 획득을 연습하는 과도기의 성격을 띠고 있다고 볼 수 있다. 물론 이러한 분석은 3학년 이상의 이론적인 교과의 기초로서의 통합교과의 위치에 따른 것이다.

비유적으로 말하여, 통합교과는 분과교과라는 몸에 생활이라는 옷을 입혀놓은 것이라고 말할 수 있다. 사람이 옷을 입고 있으면 보이는 것은 옷뿐인 것과 마찬가지로 통합교과 또한 외형적으로는 생활의 모습을 띠고 있다. 그러나 옷의 이면에 몸이 숨겨져 있는 것과 마찬가지로 생활의 이면에는 분과교과의 내용이 들어 있는 것이다. 학생들은 자신들에게 익숙한 주제를 중심으로 자신들이 이해할 수 있는 용어와 개념을 사용하면서 자신의 현재 문제를 논의하고 있지만 이 과정이 곧 교사의 도움을 받아서 3학년 이상의 교육을 위한 기초를 마련하고 있는 것이다.

통합교과의 이러한 성격은 교육적 통찰력이 부족한 교사에게는 항상 생활의 측면만이 파악될 위험성을 안고 있다. 생활의 측면에서 보면, 교사의 이러한 교육활동도 정당화될 수 있겠지만 3학년 이상의 기초라는 측면에서 보면 교사의 그러한 교육활동은 정당화될 수 없다. 그것은 절름발이 교사의 역할을 하고 있는 것이다. 그리하여 통합교과 수업은 교사의 통합교과에 대한 안목에 따라 다양한 수준차를 보일 수 있다.

앞에서 살펴본 것처럼, 통합교과는 생활과 직접적인 관련이 있는 교과이다. 그러나 그에 못지않게 3학년 이상의 추상적인 교육사태와도 직접적인 관련이 있다. 이 점에 대해서 좀 더 고찰해 볼 필요가 있다. 앞에서 우리는 통합교과의 내용과 지식의 형식의 관련에 대해서 허스트의 주장을 중심으로 간략하게 살펴보았다. 그러나 우리가 일반적으로 학문이라고 부르는 것과 아동들이 여러 가지 활동을 통하여 배우는 경험적 내용과의 논리적 관련을 주장하는 학자들은 그 밖에도 많이 있다. 듀이 또한 이 점에 대해서는 허스트와 동일한 주장을 하고 있다. 듀이는 이 점에 대해서 다음과 같이 주장하고 있다.

조직된 교과는 아이들의 산만한 경험과 본질에 있어 똑같은 경험이 보다 성숙한 단계로 발전된 상태를 나타낸다. 교과는 아이들의 경험에 담긴 것과 동일한 세계를 담고 있으며 아이들의 경험이 나타내는 것과 동일한 힘과 필요를 나타내고 있다(Dewey, 1916, p. 288).

듀이는 아동이 하는 경험과 학교에서 지식의 체계로 조직되어 가르치는 교과는 성격상 동일한 것이라고 본다. 허스트와 동일한 주장을 하고 있는 것이다. 이 점은 누구의 주장인가 하는 것과는 무관하게 항상 성립하는 주장이라고 보아야 할 것이다. 왜냐하면 아동의 경험이든 학자의 학문이든 간에 그것은 모두 이 '세계'라는 공통된 대상에 대한 이해의 방식이기 때문이다. 그리고 비트겐슈타인에 따르면, 이 이해의 방식은 인류가 공유하고 있는 '삶의 형식'에서 나온다. 다시 말하면, 한 아이가 이 세상을 나름대로 이해하는 방식 또한 그 아이가 독자적으로 만들어 낸 이해의 방식이 아니라 인류가 공유하고 있는 이해의 방식을 내면화한 것이기 때문에 그것은 성격상 이때까지 우리가 학문이라고 지칭하는 것과 상이할 수 없다는 것이다(Wittgenstein, 1953, p. 4).

듀이는 아동의 경험과 성인의 교과는 성격상 동일하다는 주장을 하고 있다. 그리고 아동의 시기에는 아동의 경험이 곧 그 시기의 교과이므로 일반적인 교과가 아닌 경험을 가르쳐야 하는데도 불구하고 학교에서는 일반적인 교과를 가르친다고 비판하면서 다음과 같이 주장하고 있다.

성인의 교과는 아동의 교과의 '가능성'일 뿐, 현재의 상태가 아니다. 성인의 교과는 전문가나 교육자의 활동에나 직접 들어오는 것이며, 초심자나 학습자의 활동에는 직접 들어오지 않는다. 교사와 학생의 입장에서 볼 때, 교과에 차이가 있다는 이 점을 올바르게 존중하지 않았다는 사실이 이때까지 교과서나 그 밖에 기존의 지식을 표현한 다른 자료들을 올바르게 사용하지 못한 가장 중요한 원인이 되었다(Dewey, 1916, pp. 289-290).

듀이가 그 당시 학교에서 가르치고 있던 교과에 대해서 비판을 가한 것은 바로 이러한 맥락에서이다. 그러므로 듀이 또한 일반적인 의미에서의 교과의 가치를 부정한 것은 아니다. 물론 듀이의 다양한 저작 속에서 논의되는 교과의 의미를 서로 비교해 보면 듀이의 논의 자체 속에 혼란을 초래한 점이 분명히 있는 것은 사실이다(이환기, 1987). 그러나 전체적으로 종합해 볼 때, 듀이 또한 교과의 가치를 부정한 것은 아니라고 보아야 할 것이다. 다만 성인의 교과 속에 들어 있는 내용을 아동이 학습할 때에는 그와는 다른 모습을 띠어야 한다는 것이 듀이의 주장이었다고 보아야 할 것이다. 듀이에 의하면, "최초의 지식이 목적 달성을 위하여 무슨 일인가를 할 줄 아는 형태를 취하는 만큼, 여기에 상응하여 교육과정의 초기 단계는 몸과 손을 움직여서 실제로 일을 해 보는 것으로 구성되어야 한다"(Dewey, 1916, p.293). 교육의 초기 단계에서는 이론적 지식을 가지고 교육할 것이 아니라 실제적 생활사태를 활용하여 교육하여야 한다는 것이다. 그리고 이 생활사태에서 논의되는 내용들은 성격상 교과 속에서 논의되는 내용과 동일하며, 다만 수준의 차이가 있을 뿐이다. "어떤 것에 관하여 개념을 가지고 있다든지 지식을 가지고 있다는 것에는 수준의 차가 있다."(Hamlyn, 1979, p.175)

이 시점에서 우리는 이제 '지식의 수준차'에 대해서 좀 더 자세히 살펴볼 필요가 있다. 아동의 지적 능력의 발달은 지속적으로 이루어지는 것이 아니라 어떤 단계를 거쳐서 이루어진다는 점에 대해서는 교육계에서 일반적으로 받아들이고 있는 것 같다. 이것에 관한 대표적인 학자로는 우리가 잘 알고 있는 피아제(Piaget)이며, 그는 인간의 지적 발달 단계를 크게 세 단계로 구분하였다.[26] 물론 그의 이론이 모든 아이들에게 정확하게 들어맞는 것은 아니지만 인간의 지적 발달의 일반적인 경향성을 보여 준다는 점에서는 받아들여야 할 것이다.[27]

아이의 지적 능력에 단계적 한계가 있다면 그것에 대응하는 지식의 발달 형태 또한 세 단계로 구분해 볼 수 있을 것이다. 듀이는 지식 또는 경험이 성장하는 과정을 다음과 같이 설명하고 있다.

> 학습자의 경험 속에서 교과가 성장하는 과정을 세 개의 꽤 전형적인 단계로 구분한다고 해서 별 무리가 없을 것이다. 첫째 단계에서는, 지식이 지적인 능력, 즉 무슨 일인가를 하는 힘이 적용될 대상 또는 내용으로 존재한다. 이런 종류의 교과, 즉 이미 알려진 자료는 사물에 대한 친숙성 또는 사물에 대한 직접적 인식을 가리킨다. 그러다가 이 자료는 서로 의사소통되는 지식 또는 정보를 통하여 점차 의미가 풍부해지고 깊어진다. 마지막으로, 그 자료는 의미가 더욱 확장되고 합리적으로 또는 논리적으로 조직되어서 교과에 관하여 비교적 전문가라고 할 수 있는 그런 사람의 지식이 된다(Dewey, 1916, p. 292).

듀이에 의하면, 아이가 가지는 모든 경험은 교과와 동일한 성격을 가지지만 그것은 아이의 발달과 함께 발전 또는 변화되어 가는데,

---

26) 아동의 지적 발달에 관한 이론을 정립한 것은 피아제이지만, 과거부터 교육자들은 아동의 지적 발달에는 차이가 있다는 점을 경험적으로 이해하고 있었다. 다만 피아제가 이것을 체계적으로 이론화한 것이라고 보아야 할 것이다.
27) 브루너의 발달 단계에 따른 세 가지 표현방식과는 달리, 피아제의 단계는 배울 가능성이 있는 내용에 따른 구분이므로 이 둘은 동일한 단계를 나타내는 것이 아니라는 비판도 있다(이홍우, 1992).

그 변화의 과정은 크게 세 단계로 구분해 볼 수 있다는 것이다. 교과의 모습은 한 가지가 아니라 단계에 따라 세 가지로 구분될 수 있다는 것이다.

20세기 영국의 대표적인 철학자 중의 한 사람인 콜링우드(Collingwood)도 그의 저서 『예술의 원리』(1967)에서 인간의 모든 언어는 궁극적으로 '정서의 표현'이라고 주장하면서 정서가 드러나는 단계를 세 가지로 구분하였다. 그것은 '감각 수준의 정서' '의식 수준의 정서', 그리고 '언어 수준의 정서'이다.[28] 그는 이 정서가 드러나는 단계를 인간의 모든 경험이 드러나는 단계와 동일시함으로써 현재 우리가 문제삼고 있는 인간의 지식이 드러나는 단계도 세 단계로 구분될 수 있다고 주장하였다(Collingwood, 1967, p.213). 콜링우드의 세 단계를 우리의 목적에 부합되게 재명명한다면, 아마 '감각 수준의 지식' '정서 수준의 지식' '언어 수준의 지식'이라는 세 단계로 구분해 볼 수도 있을 것이다. 이 부분에 대해서도 좀 더 자세히 검토해 볼 필요가 있을 것이다. 여기서는 다만 그 가능성만 제시한다.[29]

이상의 고찰에 의하면, 통합교과가 '탈학문적 접근'이라는 말은 정확한 말이 아니다. 통합교과는 학문과 동일선상에 놓여 있으며, 다만 그것이 표현되는 형태가 다를 뿐이다. 현재의 통합교과가 탈학문적이라는 주장에 대해서 비판하는 사람들은 통합교과는 탈학문적이 아니라 '전학문적'이라고 주장하지만(김경자, 2010), 이 말도 정

---

28) 물론 이 단계는 '개념적인 구분'이며, 이것은 현상을 이해하기 위한 하나의 개념적 수단이다. 그러므로 사실적인 수준에는 언제나 연속적인 상태로 나타날 것이다.

29) 이 문제와 교육의 관련에 관하여 보다 많은 관심이 있는 독자는 콜링우드의 『예술의 원리 1967)』와 정혜진의 논문(정혜진, 1994)을 참고하기 바란다.

확한 말은 아니며[30], 탈학문적이든 전학문적이든 간에 이들은 모두 학문과의 '분리'를 전제로 한다는 점에서 동일한 위치에 있으며, 그 점에서 모두 문제점을 안고 있다고 보아야 한다.

통합교과에서 다루는 내용들을 탈학문적으로 규정하든 전학문적으로 규정하든 간에 이 둘은 모두 문자와 상징과 기호로서 체계화되어 있는 것만이 학문이라고 간주하는 것이다. 그러나 이때까지 살펴본 바에 의하면, 통합교과에서 다루는 내용들은 탈학문적인 것도 아니요, 전학문적인 것도 아니다. 그것은 아동의 수준에 부합되는 학문 그 자체인 것이다.

그런데도 불구하고 이러한 논쟁이 생기는 이유는 학문을 가르치는 상황과는 무관하게 그것에 관해서 논의하기 때문이다. 최고 수준의 학문을 염두에 둔다면 거기에는 일상생활과의 관련을 찾을 수 있는 여지는 거의 없다. 그것은 고고한 자세로 저 위에서 세상을 내려다보는 관점인 것이다. 그러나 그것이 어떤 과정을 거쳐서 나타나게 되었는가 하는 점을 고려한다면 그것은 세상의 밑바탕으로부터 서서히 올라간 것이다.

한 아이가 이 세상을 감각적인 본능에서 일상적인 생활 언어를 거쳐서 점차적으로 추상적인 언어로 파악하면서 발전해 가는 모습은 인류가 이 세상을 파악해 온 방식과 유사하다는 점에서 학문의 발전과정은 '개체 발생은 계통 발생을 되풀이한다.'는 말이 성립하는

---

30) 통합교과에서 자료로 활용하고 있는 '주제' 그 자체는 '전학문적인' 성격을 띠고 있다고 말할 수 있을지 몰라도, 그 주제를 가지고 수업시간에 '다루고 있는 내용들'은 이미 학문의 성격을 띠고 있으며, 다만 그 표현에 있어서 낮은 수준의 단계에 부합되는 형태로 나타날 뿐이다.

경우이다. 원시인도 인류고 현대인도 인류이듯이, 아이들이 자신의 경험을 가지고 세상을 파악하는 방식이나 학자들이 추상적인 언어를 사용하여 파악하는 방식이나 모두 이 세상에 대한 파악의 방식이며, 이 점에서 성격상 동일한 것이다. 이 문제와 관련하여 결코 사소하지 않은 것으로서 여기에는 다만 '수준의 차'가 있다는 단서를 달아야 할 것이다.

통합교과의 이론적 근거는 오로지 한 가지 이론적 근거를 바탕으로 성립하는 것이 아니라 이때까지 나온 다양한 교육적 주장이 동시에 적용되어 성립하는 이론이라고 보아야 한다. 앞의 논의에서 이미 드러난 바와 같이, 통합교과에 관한 논의는 듀이처럼 경험을 강조하는 학자의 이론 속에서도 확인할 수 있고, 학문 또는 지식을 강조하는 허스트나 오크쇼트, 그리고 함린 등의 논의에서도 얼마든지 확인할 수 있다.

통합교과의 성격을 어떤 특별한 이론을 기초로 하여 설명할 것인가 하는 것이 중요한 것이 아니라, 그것에 관한 설명이 얼마나 논리적이고 합리적이며, 또한 교육적으로 얼마나 의미 있는 것인가 하는 것이 중요하다. 어떤 특정한 한 가지 관점을 고집하는 것은 늘 위험성을 안고 있다고 보아야 한다. 그리고 사실상 통합교과는 이때까지 논의되어 온 교육의 내용과 방법에 관한 다양한 이론이 서로 맞물려 형성되는 교과이론이라고 보아야 한다.[31]

---

31) 통합교과에서 '무엇을 가르칠 것인가' 하는 문제에 접근하는 방식으로 이때까지 고찰해 본 '내용'을 중심으로 한 고찰이 아니라 가르치고 난 후에 학생이 획득하기를 바라는 '능력'을 중심으로 고찰하는 방법이 있을 수 있을 것이다. 예컨대, 수학을 가르침으로써 '수학적 사고'가 길러지듯이, 통합교과를 가르쳐서 '통합적 사고'를 길러 주려는 시도가 그것이다. 그

통합교과의 방법론적 성격에 대해서는 내용론적 성격을 규정하는 과정에서 이미 부분적으로 언급하였다고 본다. 통합교과는 분과교과처럼 특별한 지식 체계의 위계를 따라 가르치는 것이 아니라 학생들에게 익숙한 주제를 중심으로 학생들의 관심과 흥미를 출발점으로 하여 가르치는 방법을 따른다. 이것은 이 단계의 학생들의 사고가 아직 분화되지 않았다는 점을 감안한다면 당연한 조치이다. 어른들에게는 너무나 자명하게 구분되는 사고의 세계가 이 무렵의 아이들에게는 아직 혼란의 상태일 뿐이다. 비록 지식의 분화가 시작되기는 하지만 아직까지는 이 세계를 다분히 정서적으로 받아들이고 있으며, 언어적 상징으로 이해되는 부분은 그야말로 태아적인 수준에 머물러 있다고 보아야 할 것이다.

학생 편에서는 지적 발달이라는 한계(즉, 구체적 조작기)가 존재하고, 학문 편에서는 이 단계에 부합하는 지식의 형식(즉, 정서 수준의

러나 과연 이것이 성립 가능한가 하는 것은 다시 한 번 검토해 볼 필요가 있다. 수학적 사고는 '수학'이라는 내용에서 논리적으로 도출되는 능력이다. 그것은 객관적으로 존재하는 내용을 인간의 마음의 작용과 관련지어 해석한 것으로서 '수학'과 '수학적 사고'는 동일한 대상의 상이한 이름이라고 보아야 한다. 그러나 '통합적 사고'는 어떠한가? 그것은 특정한 내용에서 논리적으로 도출되는 능력인가? 아마 그렇게 보기 어려울 것이다. 그 능력은 내용에서 논리적으로 도출되는 것이 아니라, 상황에 따라 경험적으로 나타나는 능력이다. 만약 통합교과가 '통합적 사고'라는 독특한 사고를 길러 주려면 그 전에 통합교과에서 가르치는 내용이 '통합'이라는 독특한 성격을 가진 것이어야 할 것이다. 그러나 그런 내용이 존재할 수 있는가? 만약 그런 성격을 가진 어떤 내용이 존재한다고 하더라도 그것은 '통합'이라는 말로 지칭될 수는 없을 것이고, 다른 이름으로 지칭되어야 할 것이다. 왜냐하면 '통합'이라는 말은 개념상 두 가지 이상의 요소가 서로 분리되어 있다는 것을 논리적으로 가정하고 있기 때문이다. 통합교과를 다루는 과정에서 통합적 사고가 길러질 수 있다는 말은 받아들여야 하겠지만 그렇다고 하여 그것이 다루는 내용 자체의 성격으로부터 논리적으로 도출되는 것은 아니다. 내용을 다루는 과정에서 모종의 통합적 사고가 길러진다는 측면에서 본다면, 다른 교과들도 대동소이한 위치에 있다고 보아야 하며, 정도의 차이가 있을 뿐이다.

지식의 형식)이 존재한다. 통합교과는 이 두 가지 요소를 정당하게 존중하여 가르치는 방법이다. 전통적인 방법론에서는 구체적인 조작기에 있는 학생들에게 소위 '언어 수준의 지식의 형식'을 가르치려고 하였다. 비록 실물의 예를 가지고 이해를 도모하려고 하였다고 하더라도 이 단계의 학생들이 이해하기를 바란 것은 언어 수준의 지식의 형식이었다. 그러나 통합교과에서는 그러한 목적이 없다. 다만 이 수준의 학생들에게 부합하는 정서 수준의 지식의 형식을 내면화시키는 것이 목적이다. 이것이 이 수준에서의 온당한 목적이요, 그다음 단계를 위한 자연스러운 준비가 된다.

분과교과를 배우는 과정은 먼저 특정한 이론을 상정하고, 그것을 현상 또는 대상에 적용하여 그 이론을 이해하려고 한다. 분과교과에서는 이론이 우선적이다. 즉, 이론이 현상의 이해를 위한 수단이 되는 것이다. 일반적으로 우리는 이것을 '이론의 적용'이라고 한다. 이 과정은 학생들의 실제적인 경험과는 무관한 이론, 성인들이 이미 만들어 놓은 '이론'을 가지고 사고하는 과정이다.

그러나 통합교과에서는 사정이 정반대라고 할 수 있다. 통합교과에서는 가르쳐야 할 이론이 미리 상정되어 있지 않다. 통합교과는 대상에서 지식이 발생하는 과정을 경험하도록 한다. 통합교과는 동일한 대상에 대해서 다양한 해석 관점을 만들어 가는 과정이다. 통합교과에서는 대상이 우선적이다. 자신이 가지고 있는 '경험'을 가지고 그것을 대상에 적용해 봄으로써 자신의 경험을 분류 · 분화시켜 나가는 방법이다. 이때까지 축적된 무분별한 경험, 다소간은 혼란스러운 상태에 놓여 있던 경험이 이제 교사의 도움을 받아서 초보적인 단계에서의 지식 체계의 각 위치로 자리매김하게 된다. 이것은 비록 그 수준은 낮지만 학자들이 통상적으로 하는 것과 정확하게 일치한다. 그러므로 통합교과교육은 성격상 탐구학습이요, 발견학습이다.

4. 맺음말

우리나라 초등학교 통합교과의 성격은 교과통합에 관한 그 자체의 논리적 성격에 따라 규정되는 것이 아니라, 그것이 우리나라 교육체제 속에서 차지하는 위치와 그것을 가르치는 현실적 여건 등을 고려하여 규정할 수밖에 없는 것으로 파악된다. 만약 초등학교 6학년에서 교과통합을 논의한다면 이와는 다른 논의가 충분히 있을 수 있다. 이러한 차이는 학년에 따른 내용의 조직체계(즉, 지식의 수준)와 학생들의 학습준비도와 관련되어 있다고 보아야 할 것이다.

통합교과는 초등학교 1, 2학년 학생들에게 부합되는 내용을 부합되는 방식으로 가르치는 교과로서 이해된다. 이 통합교과는 교사에 의하여 올바르게 운영되면 학생들에게 불필요한 지적 고통을 안겨주지 않으면서도 이 수준의 학생들이 배워야 할 많은 내용들을 효과적으로 가르칠 수 있다. 그러나 통합교과의 존재 자체가 이것을 보장하는 것은 아니다. 핀란드처럼 통합교과가 존재하지 않지만 얼마든지 효과적으로 가르치고 있는 나라가 있는가 하면, 통합교과가 존재하지만 수업의 내막을 들여다보면 걱정되는 수업도 얼마든지 있을 수 있다. 통합교과의 효과 여부는 상당할 정도로 교사의 개인적 능력에 달려 있다. 국가수준에서 통합교과 교육과정을 공식적으로 개발하여 제공하지만 그것은 어디까지나 궁여지책에 불과하다. 따라서 통합교과만큼 교사의 전문성에 바탕을 둔 주관적 판단력이 요구되는 교과도 없다고 보아야 할 것이다.

교과는 그것을 어떻게 규정하든지 간에 그 내용이 학생의 마음속에 내면화되어 자기 것으로 될 때 의미를 가질 수 있다. 그리고 학습은 분명히 분화와 통합이라는 가장 기본적인 두 가지 사고 과정을 거쳐서 이루어진다. 그러므로 분과교과인가, 통합교과인가 하는 지나친 형식 논리에 매몰되어 학생의 학습 그 자체가 소실되지 않도록 유념할 필요가 있을 것이다.

● 참고문헌

김경자(2010). 초등학교 통합교육과정의 의미 분석과 개선 방향 탐색. 초등교육
연구, 23(2), 121-151.

유한구, 김승호(1998). 초등학교 통합교과 교육론. 교육과학사.

이홍우(1992). 증보 교육과정탐구. 박영사.

이환기(1987). Dewey의 교육이론에 나타난 아동존중의 의미. 서울대학교 대학
원 석사학위논문.

정혜진(1994). 에로스의 교육적 의미―「향연」과 「파이드로스」의 한 해석―. 서
울대학교 대학원 석사학위논문.

Bobbitt, F. (1918). *The curriculum*. *Chicago: Houghton Mifflin Company*.
Kessinger Legacy Reprints.

Boyd, W. (1964). *The history of western education*. London: Adam &
Charles Black. 이홍우, 박재문, 유한구 공역(1994). 서양교육사. 교육과학
사.

Bruner, J. S. (1960). *The process of education*. Massachusetts: Harvard
University Press. 이홍우 역(1973). 교육의 과정. 배영사.

Collingwood, R. G. (1967). *The principles of art*. London: Oxford University
Press.

Dewey, J. (1916). *Democracy and education*. New York: Macmillan. 이홍우
번역 · 주석(1987). 민주주의와 교육. 교육과학사.

Dressel, P. L. (1958). The Meaning and significance of instruction. In Henry,
N. B. (Ed.), *The integration of educational experience*. Chicago:
NSSE.

Hamlyn, D. W. (1979). *Experience and the growth of understanding*.
London: Routledge & Kegan Paul. 이홍우, 박철홍, 이환기, 임병덕, 차
미란 공역(1991). 경험과 이해의 성장. 교육과학사.

Henry, N. B. (Ed.) (1958). *The integration of educational experience*.
Chicago: NSSE.

Hirst, P. H., & Peters, R. S. (1970). *The logic of education*. London:
Routledge & Kegan Paul.

Hirst, P. H. (1974). *Knowledge and curriculum*. London: Routledge & Kegan

Paul.

Hirst, P. H. (1993). Education, knowledge and practices. In R. Barrow & P. White (Eds.), *Beyond libral education: Essays in honour of Paul H. Hirst*. London: Routledge.

Oakeshott, M. (1965). Learning and teaching. In T. Fuller (Ed.), *The voice of liberal learning*. New Haven and London: Yale University Press. 차미란 역(1992). Oakeshott의 교육론: 학습과 교수(하). 교육진흥, 여름, 155-169.

Pring, R. (1973). Curriculum integration. In R. S. Peters (Ed.), *The philosophy of education*. Oxford University Press.

Wittgenstein, L. (1953). Philosophische untersuchungen. G. E. M. Anscombe(trans.)(1978). *Philosophical investigation*. A Blackwell Paperback.

Dictionary.com Unabridged

Based on the Random House Dictionary, ©Random House, Inc. 2015.

http://dictionary.reference.com/browse/subject%20?s=t

2장

바른 생활: 실천중심의 통합교과*

이 종 원

> 진리는 때로 직선으로 또 때로 완만한 곡선을 그리며 학문의 경계를
> 관통하거나 넘나드는데 우리는 스스로 만들어 놓은 학문의 울타리 안에
> 앉아 진리의 한 부분만을 붙들고 평생 씨름하고 있다.
>
> – 최재천, 2005

현재 교육계에서는 통합교과 혹은 통합교육과정을 독립된 교과 혹은 교육과정 편제라기보다는 분과교과의 문제점을 극복하기 위한 대안이자 수단으로서 학생들의 학습을 돕기 위한 개념으로 보고 있는 경향이 있다. 우리나라를 제외한 대부분의 나라에서는 통합교과를 국어과나 수학과처럼 하나의 독립된 교과로 편제하지 않고 있다. 반면에 우리나라에서는 통합교과를 교육과정 편제상 하나의 독립된 교과로 간주하고 있다. 그래서 교육과정 개정 시기마다 바른 생활을 독립된 교과로 개념을 규정하는 일이 지속적으로 논쟁거리가 되었다.

---

* 이 글은 '이종원(2015). 통합교과로서 바른 생활의 성격. **통합교육과정 연구**, 9(4), 1–29'를 수정한 것이다.

우리나라 초등학교 현장에서는 통합교과의 개념이 교과의 통합 혹은 교과의 통합적 지도라는 관점이 매우 뿌리 깊고, 널리 확산되어 있어서 새로운 개념의 통합교과 혹은 통합교육과정 개념이 도입되더라도 교과의 통합 그리고 교과의 통합적 지도의 관점을 고수하려는 경향이 있다. 세 통합교과를 개발함에 있어 필요에 따라 원천교과들을 다양하게 조합하여 세 통합교과를 개발하였다. 이로 인해 세 통합교과가 같은 시기, 같은 교육과정 이념과 조직 원칙에 따라 개발되었음에도 불구하고 서로 다른 성격을 지니게 되었다.

　바른 생활이 도덕을 중심으로 여러 교과와 이합집산한 경험이 있기 때문에 지금까지 바른 생활이 도덕과 별개인 독립된 통합교과라고 보는 관점과 도덕의 일부 혹은 동일 교과로 보는 관점 사이에 극심한 대립이 존재하고 있다. 바른 생활을 통합교과로 간주하고 개발했던 사람들과 통합교과를 지향하고 있는 사람들은 바른 생활을 하나의 독립된 교과임을 애써 강조하고 있으나, 지금까지 성격상 도덕과 구분이 되는 독립된 교과로서 바른 생활의 성격을 규정하는 데 그다지 성공적이지 못한 것 같다.

　반면에 바른 생활은 "통합교과로서의 성격과 교과로서의 성격을 동시에 갖고 있음으로써 교과 자체의 정체성이나 성격이 충돌하거나 모호해지는 경향이 있다. …… 이러한 문제는 '주제별 교과서'라는 큰 변화를 가져왔음에도 불구하고 이를 탈학문적 통합에 적합하게 구성하고 활용하지 못하게 하는 요인이기도 하다"(신현화, 신현우, 2013, p.162). 이와 같이 신현화와 신현우는 바른 생활의 성격의 모호성에 대해 말하면서 다른 통합 방식을 거론하는 것을 통해 우회적으로 도덕으로 회귀를 제안하는 것으로 보인다.

이와 같이 바른 생활을 독립 교과로 보려고 하는 관점과 도덕의 일부로 보려는 관점 그 어느 것도 우위를 점하지 못하였기 때문에 우리나라의 바른 생활 교육과정은 이 두 관점을 절충적으로 수용하는 것을 통해 이 문제를 우회하려고 하였다. 이와 같은 우회 전략은 문제에 대한 임시 미봉책이기 때문에 두 관점의 대립은 해결되지 않는 문제점으로 지속적으로 남게 된다. 바른 생활의 교육내용이 도덕의 교육내용과 동질적인 한 이 문제는 영원히 해결할 수 없는 문제가 된다.

이 장에서는 우리나라 교육과정 변천에서 통합교과로서 바른 생활과의 통합 유형의 변천을 탐색하고, 바른 생활과 도덕의 관계성의 변천을 탐색한 후, 바른 생활에서 가장 핵심적 개념인 '실천중심'의 의미를 확인하고자 한다. 이를 통해 학생들이 한 자루의 덕목을 습득하여 상황에 적절하게 이 덕목을 적용하게 하는 기존의 실천의 의미를 넘어서 삶의 불확실성 속에서 부단히 삶의 문제에 대해 의사결정해 가는 의미의 실천 개념을 정립함으로써 도덕과 구분되는 통합교과로서의 바른 생활의 성격을 규정하고자 한다.

1. 바른 생활의 변천

통합교과로서 바른 생활의 성격을 확인하기 위해서는 우선 통합교과의 의미를 확인하고, 그 의미 속에서 바른 생활의 성격을 규정하는 것을 선행해야 할 것이다. 이를 위해서 우리나라 교육과정에서 통합교과의 통합 유형이 어떻게 변천했는지를 확인할 필요가 있다. 우리나라 교육과정에서 통합교과의 통합 유형은 교과의 통합적 지도, 합과적 통합, 탈교과적 통합의 유형순으로 변화하였는데, 이 통합 유형 안에서 통합교과로서 바른 생활이 어떤 의미를 지니는지를 확인하고자 한다.

1) 교과의 통합적 지도

우리나라 교육과정에서 통합에 대한 논의는 교수요목기부터 있었다(김종건 외, 1996, p.105). 미군정청 문교부의 초등학교 사회 생활 교수요목집에 다음과 같은 통합 관련 내용이 제시되어 있다. "자연 관찰에 관한 교재는 분과적으로 한 묶음으로 다루라는 독립 단위가 아니다. 따라서 그에 배당한 교수 시간 수 이내로 그 내용을 살펴서 그 학년의 각 단위에서 적당한 기회에 가르쳐야 한다"(군정청 문교부, 1946, p.5). 또한 "분과적인 공민, 지리, 이과, 직업의 교과서를 참고용으로 아동들이 가지고 있어, 이 과목에 필요한 대로 읽어 가며 교수를 진행시키는 것이 가장 적절한 방법이 될 것"(군정청 문교부, 1946, p.6)이다. 이것은 교과의 통합에 관심을 두고 있다기보다는, 단순히 수업의 편의를 도모하려는 의도(박채형, 2012, p.197)로 통합이 시도되었다고 볼 수 있다.

이후 교육과정 개정을 거듭하면서 다음과 같은 교육과정 통합에 대한 논의가 있었다. 제1차 교육과정의 '인간 생활과 자연 환경과의 관계를 이해시키며, 이에 적응하고, 이를 통제 이용하여 인간 생활을 향상시키려는 태도와 능력을 기른다.'와 같은 사회 생활 교과의 목표(문교부, 1955, p.47)는 교육과정 통합을 지향하고 있는 것으로 보인다. 또한 1차 교육과정이 전통적 지식 체계에 입각한 과목 분과로 나타났기 때문(문교부, 1963, p.11)에 제2차 교육과정은 각 교과를 통하여 학년 안에서의 횡적 연관을 취하고, 학년을 통한 종적 체계를 세워 지도 내용이 발전적 계통 학습이 가능하도록 조직(문교부, 1963, p.17)하도록 하였다. 또한 '각 교과의 특징에 따라 그에 가장 알맞은 학습 방법을 전개할 수 있는 학습 내용으로 조직한다.'(문교부, 1973, p.12)는 구성 방침을 지닌 제3차 교육과정에서도 '1, 2학년의 학습 활동은 가급적 관련 있는 교과를 통합하여 종합적으로 이루어지도록 한다.'(문교부, 1973, p.15)는 통합교육과정적 운영지침을 내포하고 있다. 그러나 제1차에서 제3차 교육과정까지 모두 분과적 조직 방법을 지향하였기 때문에 교과 통합 혹은 교육과정 통합에 대한 관심이 상대적으로 부족하였다. 그 결과 교과서 통합을 시도했던 제4차 교육과정 이전까지 통합교육과정은 교육과정 개정상 주요 관심의 대상이 되지 못했다.

제4차 교육과정에서도 이전 차시의 교육과정과 동일하게 교과 편제했다. 학교교육을 통해 해결에 도움을 주려는 사회 생활의 문제사태는 교과들이 통합적으로 연관되어 있는 사태이기 때문에, 이를 통합적 방식으로 지도하게 하였다(문교부, 1982b, p.30). 그래서 1, 2학년의 경우 교육과정상에서는 교과 편제를 그대로 두고 통합교과서를 개발하게 되었다. 8개 교과를 통합하여 '우리들은 1학년 교과서'를, 도덕, 국어, 사회를 통합하여 '바른 생활 교과서'를, 산수와 자연을 통합하여 '슬기로운 생활 교과서'를, 체육, 음악, 미술을 통합하여 '즐거운 생활 교과서'를 개발하였다(문교부, 1982b, p.31). 1, 2 학년의 경우 교과 간의 통합 원칙에 의해 통합교과서를 개발한 취지를 살릴 수 있도록 각 통합교과서의 교수에 각 교과 활동 시간을 배당하였다.

기본적으로 제4차 교육과정에서는 교과의 통합적 지도라는 관점에서 통합교과서를 개발하였으나, 궁극적으로 교과의 통합을 지향하였다. 그러나 학문중심 교육과정 이론이 강하게 지배하고 있던 당시 학계나 학교의 분위기상 이를 달성하는 것이 현실적으로 불가능하였다. 그래서 불가능한 교과의 통합을 추구하기보다는 표면적으로 통합적 지도라는 슬로건을 내걸었다고 볼 수 있다.

제4차 교육과정에서는 교육과정 통합을 지향하기보다는 교과의 통합적 지도를 통해 교육과정 내용의 통합성을 달성하도록 되어 있다(문교부, 1982b, p.34). 제4차 교육과정에서 교과를 통합하는 방식은 교수요목기에 사회 생활을 편찬하는 방식에서 벗어나지 못했다(박채형, 2012, p.199)는 비판이 있다. 그러나 제4차 교육과정의 바른 생활 1학년 교과서의 총 30개 단원 중 13개 단원이, 2학년 교과서의 총 34개 단원 중 8개 단원이 통합단원이었기 때문에 단원 구성에서는 교과의 통합적 지도라는 의도가 잘 구현된 것 같아 보인다.

구체적으로 단원 학습 내용을 살펴보면 사회, 과학, 체육, 음악, 실과 등 각 교과의 내용을 합산적으로 통합하였다는 것을 알 수 있다(윤상호, 2013, p.33). 바른 생활 교과서는 국어, 도덕, 사회 교과서를 합본하는 정도의 의미 이상은 없다고 볼 수 있다. 그래서 제4차 교육과정에서는 기존 교과를 유지한 채 이를 통합적으로 지도하기 위한 방편으로 통합교과서인 바른 생활 교과서를 개발하였기 때문에 교과 통합이나 통합교육과정의 개념과는 거리가 있었고, 실제로 이를 현장에서 지도하는 데 교육과정과 교과용 도서 사이의 괴리와 같은 문제점이 상당히 많이 노정되었다.

2) 합과적 통합

교육과정과 교과용 도서의 괴리와 같은 제4차 교육과정의 문제점을 해결하고 기초 기능을 강화하기 위해 제5차 교육과정에서는 국어와 산수는 독립 교과로 하고, 도덕과 사회를 통합하여 바른 생활을, 자연을 중심으로 한 슬기로운 생활을, 체육과 음악 및 미술을 통합하여 즐거운 생활을 편성하였다. 이에 따라 "체육, 음악, 미술의 교과 내용을 통합한 교과라는 즐거운 생활의 성격을 그대로 유지하는 가운데, 바른 생활과 슬기로운 생활의 성격을 새롭게 규정하지 않으면 안 되었다"(박채형, 2012, p.200). 그래서 이런 시도는 교과의 통합적 지도라는 개념에서 벗어나 교과의 통합적 조직을 위한 조치라고 볼 수 있다(김민환, 2007, p.72). 따라서 제5차 교육과정의 통합교과 교육과정은 교과 통합 개념에 근거하여 우리나라 교육과정상 최초로 개발된 통합교과 교육과정이라고 볼 수 있다.

제5차 통합교과 교육과정은 기본적으로 합과적 통합이라는 개념 아래 각 통합교과별로 서로 상이한 통합 방식을 추구하였다. 바른 생활은 도덕과 사회를 외형적으로 합쳐 놓았다는 점 이상의 의미를 지니는 광영역의 통합교과이다(문교부, 1988, p.92). 이를 위해 '통합의 방향은 기본 생활 습관 형성과 사회 현상 이해, 탐구와 관련된 내용을 아동의 생활 경험, 실생활과 관련시켜 경험 중심, 활동 중심으로 통합'(문교부, 1988, p.96)하였다. 이런 취지 아래 '내용의 선정은 구 과정의 도덕, 사회의 1, 2학년 목표와 내용을 공통성 있는 것끼리 관련시켜 학습 과제 단위를 선정'(문교부, 1988, p.96)하였다. 그리고 내용은 '1학년에서는 통합적인 방향으로, 2학년에서는 도덕·사회의 교과적 성격으로 접근하는 계열성을 고려하여 조직'(문교부, 1988, p.96)하였다.

이 교육과정 내용의 선정·조직 원리가 교과서 구성에서도 적용되었다. 1학년 바른 생활 교과서의 경우 총 8개 단원에서 도덕의 내용 8개, 사회의 내용 7개, 통합 내용 7개, 2학년의 경우 총 8단원 중 도덕의 내용 8개, 사회의 내용 8개, 통합 내용 1개로 구성되어 있어 여전히 합산적 통합을 하고 있음을 볼 수 있다(윤상호, 2013, pp.33-35). 제5차 교육과정 바른 생활은 통합교육과정 체제로 전환되는 전기가 되기는 했지만, 바른 생활의 내용이 도덕과 사회 내용이 병렬적으로 나열되어 있기 때문에 병렬형 통합 유형이었다(윤상호, 2013, p.19)고 볼 수 있다. 제5차 통합교과 교육과정은 도덕과 사회의 합과적 통합을 지향했기 때문에 분과주의적 입장에서 크게 벗어나지 못했다는 비판을 받았다.

제6차 교육과정에서는 합과적 통합의 관점을 유지하면서 통합교과를 합리적으로 조정하려고 했다(박채형, 2012). 세 통합교과가 합과적 통합의 성격이 현저히 드러나게 규정한 제5차 교육과정과는 달리 제6차 교육과정에서는 세 통합교과의 성격을 통합교과 혹은 통합교육과정적 성격이 드러나도록 다음과 같이 정의하였다. 바른 생활은 '저학년 학생들이 사회에서 요구하는 기본적인 예절과 도덕 규범을 습득함으로써 건전한 도덕성의 기초를 형성하도록 지도하기 위한 교과'로, 슬기로운 생활은 '주위의 현상에 대하여 관심을 가지고 자신과 사회 및 자연과의 관계를 생각해 보게 함으로써, 여러 가지 상황 속에서 궁리하는 가운데 바르게 살아갈 수 있는 생활의 기초를 마련해 주는 통합교과'로, 즐거운 생활은 '여러 가지 놀이와 표현 활동을 통하여 즐거운 학교생활이 되게 하고, 건강하면서도 명랑하며 창의적인 생활을 영위하게 하는 통합교과'로 규정하였다.

이렇게 각 통합교과의 성격을 정의했음에도 불구하고 '슬기로운 생활'은 사회와 자연의 내용을 일정한 기준도 없이 주제를 중심으로 적절히 안배한 합과 형식(김종건 외, 1996, p.114)이었으며, '즐거운 생활'은 원천 교과인 체육, 음악, 미술의 수업 시수를 일정 비율로 배분하고, 이 배분된 시간에 맞추어 각 교과의 활동을 선정·조직한 합과적 형식(김종건 외, 1996, p.121)이었다.

슬기로운 생활과 즐거운 생활이 합과적 성격을 지니는 반면에 도덕과 사회의 합과로 되어 있는 제5차 교육과정 바른 생활에서 사회가 분리되어 슬기로운 생활로 통합되면서 바른 생활은 실제로는 도덕 교육을 위해 신설된 저학년 교과(조난심, 1993, p.129), 도덕 중심의 통합교과로 개발되었다. 바른 생활은 저학년 학생들이 사회에서 요구하는 기본적인 예절과 도덕규범을 습득함으로써 건전한 도덕성의 기초를 형성하도록 지도하기 위한 교과(교육부, 1992, p.10)로 규정하였다.

조난심(1993, pp.131-132)은 바른 생활이 도덕의 성격을 지닌 새로운 교과라고 보는 관점과 본질상 도덕과 다르지 않다고 보는 관점이 공존한다고 보고 있다. 바른 생활이 도덕과 성격이 전혀 다른 새로운 교과라면 기존 교육과정의 1, 2학년 도덕의 성격과 목표 등을 포함하는 교육과정과는 성격상 상이한 교과이든지, 기존 교육과정의 도덕에서 다루어지는 내용과는 성격을 달리하는 교육 내용이 다수를 점하고 있든지 해야 할 것이다. 윤상호는 이 문제를 확인하고자 바른 생활 교육과정 내용을 분석하였다. 그 결과 1, 2학년 총 45개의 내용 중 기존 교육과정의 도덕 내용과 관련된 내용이 30개이고, 통합적 내용이 5개였다(윤상호, 2013, p.21). 교과서 단원 구성에서도 1학년의 경우 총 20개 단원 중 도덕 내용은 18개, 통합적 내용은 11개이며, 2학년의 경우 총 22개 단원에서 도덕 내용은 19개, 통합적 내용은 13개였다(윤상호, 2013, p.35-37). 이런 의미에서 볼 때 6차 교육과정의 바른 생활은 새로운 교과라기보다는 도덕에 통합교과적 내용이 가미된 도덕 중심의 통합교과라고 보아야 할 것이다.

3) 탈교과적 통합

합과적 통합 개념은 교과 구분이 선험적이라고 보든 혹은 가르칠 교육내용에 대한 사회적 합의에 의해 규정된 것이든 간에 과거로부터 전승되어 온 교과 구분이 존재하고 있고, 대부분의 사람이 이 교과 구분에 동의하고 있다는 것을 전제하고 있다. 그러므로 이런 관점의 통합교과는 교육에서 가르쳐야 할 당위적 가치를 지닌 교과들을 하나의 교과로 통합하거나 원천 교과들의 내용을 하나의 교과로 통합하는 방식을 취할 수밖에 없다.

합과적 통합 개념을 지향하는 이와 같은 관점을 지닌 종전의 접근 방식이 지니는 문제점을 극복하기 위해서 제7차 교육과정에서는 새로운 접근 방식을 모색하게 되었다. 종전의 방식을 '교과 간의 통합'으로 명명하고, 이에 대한 대안적 접근 방식으로 '활동중심 주제에 의한 통합'이라는 접근 방식을 모색하여 통합교과의 성격을 새로이 규정하였다. '바른 생활'을 기본 생활 습관과 예절 및 규범을 준수할 수 있는 능력과 태도를 형성하여 건전한 인성을 지닌 민주 시민으로서의 자질을 갖추도록 하는 통합교과(교육부, 1998, p.38)로 규정하였다.

이와 같은 통합교과의 성격을 구현하기 위해 교과의 통합 관점에서 탈교과적 통합으로 통합교과의 관점을 전환하게 되었다. 탈교과적 통합은 '분과교과의 내용 요소 또는 앎의 세계를 교육과정 내용으로 보는 관점'에서 '학생들의 삶을 교육과정 내용으로 보는 관점'으로의 전환을 전제로 하고 있다(박채형, 2012, p.203). 그래서 교과로서 '바른 생활'을 바른 생활을 영위함에 있어서 다루어야 할 영역으로 규정하고, 그 내용을 '내 일 스스로 하기' '예절 지키기' '다른 사람 생각하기' '질서 지키기' '나라 사랑하기'로 구분하였다.

각 영역의 주제에서 다루어야 할 광범위한 범교과적 활동 내용을 제시하여 이전까지의 단순한 교과의 합과적 형태를 벗어났다(김경애, 2004, p.50)고 볼 수 있다. 그러나 특정한 주제에서는 도덕 중심의 내용에 체육, 음악, 국어, 과학, 실과의 내용을 결합하여 단원이 개발되었기 때문에 아직도 합과적 경향성이 어느 정도 남아 있다는 것을 볼 수 있다(김민환, 2007, p.73; 유제순, 2005, p.170; 윤상호, 2013, p.23). 이런 제한점에도 불구하고 제7차 교육과정의 통합교과는 활동 주제 중심으로 범교과적 내용이 조직(통합)되게 하여 합과적 통합 유형을 극복하고자 하는 최초의 시도였다는 의의가 있다.

2007년 개정 교육과정에서는 제7차 교육과정의 단원 혹은 차시에서의 분과적 성격을 답습하고 있는 문제점을 극복하기 위해 학생들이 생활 속에서 느끼는 흥미와 요구를 반영할 수 있는 심리적·사회적 접근을 강조(교육과학기술부, 2008, p.14)하여 주제 중심의 통합교과 교육과정을 개발했다. 그래서 '바른 생활'을 개인 생활과 사회 생활을 하는 데 필요한 기본적인 생활 습관, 예절, 규범을 알고 익히도록 하는 체험과 실천을 중심으로 구성된 통합교과(교육인적자원부, 2007, p.11)로 규정하였다. 이런 특성을 구현하기 위해 "2007년 개정 바른 생활 교육과정은 교육내용 적정화를 위한 내용 수준을 조정하여 가장 기본적이고 공통적으로 필요한 생활 습관과 예절, 초보적인 가치 규범을 그 내용으로 구성"(윤상호, 2013, p.26)하였다. 통합교과의 사회심리적 조직 방법을 사용하여 '바른 생활'에서는 '내일 스스로 하기' '예절 지키기' '다른 사람 생각하기' '질서 지키기' '나라 사랑하기'의 주제를 선정하여 통합하였다. 제7차 교육과정과 비교했을 때 대주제는 동일했고, 소주제의 경우 자구를 바꾸거나 소수의 주제가 변경되었으며, 내용(제재)의 경우 몇 개의 경우를 제외하고는 동일하였다.

2007년 개정 세 통합교과 교육과정은 상호 독립적으로 개발되었기 때문에 각 교과통합에서 주제를 선정하는 기준에 일관성과 통일성이 없어 학생들의 삶을 교육과정 내용으로 삼고 학습에 통합성을 부여하려는 본래의 취지를 달성하는 데 상당한 제한성이 있었다.

이런 제한성을 극복하기 위해 교과서 개발 시 통합 단원의 개념을 설정하여 2, 3개 교과의 내용을 통합 주제를 중심으로 통합 단원을 개발하였다.

2007년 개정 교육과정의 통합교과 교육과정은 학생들의 삶을 교육과정 내용으로 삼기는 했으나, 각 통합교과가 배타적으로 주제를 선정하였다. 그래서 중복과 누락의 문제가 발생하여 학생들의 삶에 통합성을 부여하려는 본래의 목적을 충분히 달성하지 못했다. 하지만 주제 중심의 사회심리적 접근 방식을 취하여 통합교과가 분과 교과의 합과라는 비판과 분과주의자의 분과교과로의 회귀 주장, 바른 생활이 도덕과 동일하다는 주장과 같은 종래의 문제점을 극복할 수 있는 전기를 마련하였다고 볼 수 있다.

2009 개정 교육과정은 2007년 개정 교육과정에서 지향하는 학생들의 경험 세계를 사회심리적으로 조직한다는 기조를 유지하였으며, 통합교과의 성격이 잘 나타나도록 각 통합교과의 성격을 정련하는 방식으로 재규정하였다. '바른 생활'은 초등학교 1, 2학년 학생들이 가정, 학교, 지역 사회에서 생활하는 데 필요한 기본 생활 습관과 기본 학습 습관을 형성하여 올바른 생활을 하는 사람을 육성하고자 하는(교육과학기술부, 2011, p.1) 실천중심의 통합교과로 규정하였다.

각 통합교과 교육과정의 개념을 정의한 후, 2007년 개정 교육과정에서 노정된 문제를 극복하기 위해 세 통합교과 교육과정에 공통적으로 적용할 주제를 선정하였다. 그러기 위해 학생들의 삶에서 항상 맞게 되는 장면 중 공간과 시간과 관련된 각 4개의 대주제를 선정하고, 각 대주제에 4개의 소주제를 선정하여 이를 중심으로

3개의 교과를 통합·조직하였다. 소주제에 포함될 활동 주제를 선정할 때 각 통합교과의 성격이 반영될 수 있도록 선정·조직하여 3개의 통합교과가 동일한 대주제, 소주제를 중심으로 통합할 수 있게 하여 교육과정에 통합성과 각 교과의 차별성을 부여하도록 하였다.

2009 개정 교육과정은 2007년 개정 교육과정과 마찬가지로 학생들의 경험 세계를 사회심리적 방식으로 통합(조직)하려고 했다. 이를 위해서는 전체 교육과정 틀 위에서 초등학교 학생들에게 적절한 교육과정 내용을 선정한 후 적절한 기준에 의해 그 내용을 배분하여야 한다. 그러나 경험 세계를 타당한 기준에 의해 2007년 개정 교육과정과 2009 개정 교육과정의 통합교과 교육과정 내용을 바른 생활, 슬기로운 생활, 즐거운 생활의 영역으로 설정하고 각 영역에 내용을 배분한 것이 아니라, 기존에 존재했던 세 개의 통합교과를 수용하여 통일된 주제 아래 각 교과의 교육과정 내용을 개발하였다. 따라서 기존의 바른 생활, 슬기로운 생활, 즐거운 생활이라는 교과 구분이 존재하는 한 2009 개정 교육과정도 분과교과의 합과라는 그늘을 완전히 벗어날 수 없었다.

통합교과서를 통해 교과의 통합적 지도를 추구했던 제1차에서 제4차 교육과정까지의 통합의 노력이나 제5, 6차 교육과정에서 몇 개의 교과를 통합하여 통합교과를 개발하려고 했던 합과적 노력은 근본적으로 분과교과를 근간으로 하고 있기 때문에 통합을 위한 노력에도 불구하고 분과교과가 지니고 있는 문제점을 그대로 내포하고 있었다. 주제 중심의 탈학문적 접근을 했던 제7차 교육과정 이후의 교육과정에서도 원천 교과에서 유래한 내용을 세 통합교과에 배분하였기 때문에 여전히 분과교과의 합과라는 문제점을 완전히 불식할 수는 없었다. 통합교과로서 바른 생활이 존재하기 위해서는 바른 생활이 통합교과로서의 성격을 충분히 드러낼 수 있도록 규정되고, 이것이 실제로 개발된 교육과정에서 충분히 구현되어야 한다.

2. 바른 생활과 도덕의 관계

우리나라 교육과정 변천에서 통합교과로서 바른 생활의 통합 유형이 다양하게 제시되었는데, 전체적으로 교과의 통합적 지도, 합과적 통합, 탈교과적 통합의 유형순으로 변화하였다. 이 변화는 통합교과로서 바른 생활이 분과교과로서 도덕과 차별화되어 가는 과정으로 볼 수 있다. 그럼에도 불구하고 바른 생활의 성격은 매우 다의적으로 해석될 정도로 모호하게 규정되었다. 현행 통합교과로서 바른 생활의 성격을 재해석함을 통해서 바른 생활이 지향해야 할 방향을 모색할 필요가 있다.

바른 생활과 도덕의 관계 규정과는 무관하게 두 교과 사이에는 밀접한 관계가 있다는 것은 부정할 수 없다는 것은 사실이다. 그래서 도덕 교육과정을 개발하는 사람들은 도덕 교육과정의 성격을 규정함에 있어서 바른 생활과 도덕을 명시적으로 연결하려고 노력하였다(이영문, 2012, p.75). 반면에 바른 생활 교육과정을 개발하는 사람들은 바른 생활이 도덕으로부터 독립된 교과로 개발하려고 하여 바른 생활의 성격이나 지도 방법에서 도덕과 관련된 내용을 애써 외면하려고 노력하였다. 이것은 통합교과로서 바른 생활이 존재하는 한 바른 생활이 도덕과 동질적 교과라는 관점과 도덕과 별개의 독립된 교과라는 관점은 화해할 수 없는 인식론적, 현실적 논쟁이라는 것을 단적으로 보여 주는 증거라고 볼 수 있다.

도덕을 하나의 독립 교과로 보고 있는 사람들은 대부분 도덕이 다른 교과와 상호 배타적으로 구분될 수 있는 독자적 범주 개념과 지식 체계 및 탐구 방법이 있다고 가정하고 있다. 즉, 분과교과의 정당성을 주장하는 사람들은 범주적으로 환원될 수 있는 특정한 사고방식 혹은 지식 체계가 선험적으로 존재하거나 혹은 교과 구분에 대한 사회적 합의가 존재하고 있다는 것을 전제하고 있다. 예를 들어, 허스트(Hirst)는 독특한 지식 범주 개념을 지니는 6개 혹은 7개의 지식의 형식이 있다고 했다. 허스트에 따르면 이 지식의 형식은 다른 지식의 형식과 논리적으로 구분되는 개념이 상호 관련된 망으로 되어 있으며, 특유의 진리 검증 방법을 지니고 있으며, 특유의 진리 검증 방법에는 탐구를 위한 지식뿐만 아니라 기능도 내포되어 있다(Hirst, 1974, p.44). 학생들에게 사고하는 방법을 가르치거나 혹은 지적 전통으로 입문시키기 위해 지식의 구조나 지식의 형식에 근거한 교과를 가르치려고 했다. 그러나 수학이나 물리와 같이 수학적, 경험적 지식의 형식과 정확히 일치하는 교과도 있지만(Hirst, 1974, p.49), 지리, 의학, 공학과 같은 교과들에 해당하는 지식의 형식은 존재하지 않고 여러 가지 지식의 형식을 통합하여 교과를 만든다고 보고 있다.

학교의 교과들은 논리적, 심리적 의미 어느 측면에서도 신성불가침한 것이 아니며, 다양한 사고의 형식을 필요에 따라 선정하여 조직한 것이다(Hirst, 1974, p.50). "교과가 절대적인 구분이 될 수 없다는 이러한 생각은 교과의 의미나 가치에 대해 회의적인 생각을 가지고 있었던 사람들뿐만 아니라 허스트나 피터즈처럼 교과 교육에 절대적인 의미를 부여했던 사람들조차 가지고 있었던 생각이다"(이환기, 2015, p.12). 학교의 교과는 선험적으로, 보편적으로 존재하는 것이 아니라 필요에 따라 만들어지기도 하고 소멸되기도 할 수도 있다.

우리나라 교육과정의 변천 과정에서 도덕도 생성되었고, 국가·사회적 요구에 따라 도덕의 성격도 변화하였다. 도덕이 사회로부터 파생되었기 때문에 두 교과 사이의 중첩 현상은 피할 수 없었고, 이 중첩 현상은 교육과정 개정을 거듭하면서 갈등하며 조정되었다. 바른 생활의 발생 과정도 도덕의 생성과정과 유사하기 때문에 도덕과 중첩으로 인한 갈등 현상은 피할 수 없는 것이라고 보아야 할 것이다. 또한 사회와 도덕이 갈등을 조정하면서 독자적 위치를 찾아가듯이 통합교과로서 바른 생활이 소멸하지 않는 한 바른 생활과 도덕도 그런 과정을 겪게 될 것이다.

지금까지 교육과정 개정을 거듭하고 있음에도 불구하고 바른 생활이 도덕과 동질적이라고 보는 관점과 도덕과 별개의 독립적 교과라고 보는 이 두 관점 중 그 어느 하나가 더 지배적이지는 않고, 앞으로 그렇게 될 가능성도 없어 보인다. 그 결과 지금까지 어느 한쪽이 지배적인 성격을 지닌 바른 생활이 개발되지 않고, 두 관점의 적절한 절충을 통해 바른 생활의 성격이 규정되어 왔다고 볼 수 있다. 각 교육과정 시기별로 바른 생활과 도덕의 성격을 비교한 다음의 〈표 2-1〉을 통해 이와 같은 점을 확인할 수 있다.

〈표 2-1〉 바른 생활과 도덕의 교과 성격 비교

개정 차시	바른 생활	도덕
제6차	저학년 학생들이 사회에서 요구하는 기본적인 예절과 도덕 규범을 습득함으로써 건전한 도덕성의 기초를 형성하도록 지도하기 위한 교과이다.	학생들로 하여금 건전한 도덕성을 함양하도록 하는 교과이다.
제7차	초등학교 1, 2학년 학생들이 우리 사회가 요구하는 기본 생활 습관과 예절 및 규범을 준수할 수 있는 능력과 태도를 형성하여 건전한 인성을 지닌 민주 시민으로서의 자질을 갖추도록 하는 통합교과이다.	학생들로 하여금 자신을 이해하고, 일상생활에 필요한 규범과 예절을 익히며, 국가·민족 구성원으로서 그리고 세계 사회의 일원으로서의 역할과 책임을 파악하게 하여 한국인, 나아가 세계 시민으로서의 바람직한 삶을 살아가는 데 도움을 주기 위한 교과이다.
2007년 개정	개인 생활과 사회 생활을 하는 데 필요한 기본적인 생활 습관, 예절, 규범을 알고 익히도록 하는 체험과 실천을 중심으로 구성된 통합교과이다.	인간의 삶에 필요한 도덕규범과 예절을 익히고, 자신뿐만 아니라 사회와 관련된 도덕 문제를 주체적으로 성찰하고 실천하도록 하여 자신의 삶을 바람직하게 영위하도록 하며, 나아가 우리 사회와 세계의 발전에 기여할 수 있도록 도와주는 교과이다.
2009년 개정	초등학교 1, 2학년 학생들이 가정, 학교, 지역 사회에서 생활하는 데 필요한 기본 생활 습관과 기본 학습 습관을 형성하여 올바른 생활을 하는 사람을 육성하고자 한다.	인간의 삶에 필요한 도덕규범과 예절을 익히고, 인간과 사회, 자연·초월적 존재와의 관계 속에서 올바른 도덕적 책임과 의무를 이해하며, 다양한 도덕 문제에 대한 민감성과 사고력 및 판단력을 향상시키고 도덕적 앎을 실천으로 연결할 수 있는 실천 동기 및 능력을 함양하여, 개인의 바람직한 가치관 확립과 나아가 우리 사회와 세계의 발전에 기여할 수 있도록 도와주는 교과이다.

모든 개정 차시의 바른 생활과 도덕의 교육과정에서 도덕규범, 예절, 도덕성 함양을 추구하고 있다는 의미에서 보면 바른 생활과 도덕의 교과 성격상의 궁극적인 차이가 없는 것으로 보인다.

〈표 2-2〉에 제시된 바와 같이 제5차 교육과정의 바른 생활의 영역은 학교, 집(가정), 이웃(고장), 우리나라로 되어 있고, 도덕의 영역은 개인 생활, 가정·이웃 생활, 시민 생활, 국가 생활, 통일안보 생활로 되어 있다. 분류상 약간의 차이가 있기는 하지만 두 교과의 영역이 공간 확대의 개념에 의거하였기 때문에 두 교과의 영역이 거의 일치하고 있다. 바른 생활이 도덕과 사회의 합과이기 때문에 바른 생활의 내용에 사회적 내용이 상당히 포함되어 있기는 하지만, 도덕과 관련된 내용만을 보았을 때 도덕의 내용보다 추상성이 낮아 두 교과의 내용이 계열적이라는 것을 볼 수 있다.

〈표 2-2〉 제5차 교육과정의 바른 생활과 도덕의 내용 비교

바른 생활			도덕				
영역	1학년	2학년	영역	3학년	4학년	5학년	6학년
즐거운 우리 학교 (1학년) 보다 나은 학교 생활 (2학년)	• 가정과 학교의 같은 점, 다른 점 찾아내기 • 학교 구성원의 역할을 알고, 감사하는 마음 가지기 • 친구를 이해하고, 사이좋게 지내기 • 학교의 규칙을 알고, 스스로 지키는 습관 기르기 • 학교 시설물을 바르게 사용하며, 물건을 잘 간수하고 정리하기 • 단정한 몸가짐과 올바른 학습 태도 기르기 • 학교 행사의 종류와 내용 및 의의를 알고, 적극적으로 참여하기	• 우리 학교의 옛날과 오늘날의 모습 알아보기 • 학교 주변의 환경을 관찰하고, 표현하기 • 보다 나은 학급과 학교를 만들기 위하여 우리가 할 일 알아보기 • 스스로 공부하는 습관 기르기 • 학교와 고장과의 관계 및 협력하는 모습 알아보기	개인 생활	• 안전한 행동 • 정직한 태도 • 스스로 생각하고 행동하기 • 자기의 잘못에 대한 반성 • 물건을 소중히 다루고 아껴 쓰는 생활	• 건강한 신체와 건전한 마음가짐 • 부지런한 생활 • 자연을 가꾸고 아끼는 마음 • 옳은 일을 앞장 서서 하기 • 시간을 잘 지키고 아껴 쓰는 생활	• 땀 흘려 일하는 보람 • 인간 생명의 귀중함 • 창의와 모방 • 분별 있는 행동 • 몰라서 못하는 사람과 알고도 안 하는 사람	• 자기가 하는 일에 최선을 다하기 • 적성에 알맞은 일과 앞날에 대한 설계 • 바르고 깊은 생각 • 정신적 가치와 물질적 가치 • 옳은 신념과 꾸준한 실천

구분		
행복한 우리집 (1학년) 화목한 가정 생활 (2학년)	• 나의 성장 과정 알기 • 우리 집의 고마움 알기 • 가족 구성원과 그들의 역할 및 상호 관계 알아보기 • 가정의 어른 공경과 형제간의 우애 가지기 • 보다 나은 가정 생활을 위한 물건의 선택, 절약, 저축 및 자율적인 생활 습관 익히기	• 내가 장차 이루고 싶은 것 말하기 • 사회의 기본적 단위로서의 가정 생활의 특징 알기 • 우리 집에서 돈을 벌고 쓰는 방법 알아보기 • 우리 가정의 내력과 친척 관계 알아보기 • 화목한 가정생활을 이루기 위하여 해야 할 일 알아보기 • 가정의 여러 가지 행사의 의의를 알고, 참여하기 • 우리의 가정생활과 북한 주민들의 가정생활 비교하기
함께 사는 이웃 (1학년) 서로 돕는 고장 생활 (2학년)	• 집 주변의 모습을 관찰하고, 표현하기 • 집 근처에서 볼 수 있는 공공시설을 알고, 바르게 이용하기 • 편리하고 안전한 생활을 위하여 우리가 할 일 알아보기 • 건강한 생활을 위하여 우리가 할 일 알아보기 • 이웃 사람들이 하는 일과 상호 의존 관계 알아보기 • 서로 어울려서 배우고 협동하는 이웃 되기와 지켜야 할 예절 및 생활 습관 익히기	• 우리 고장 생활에 영향을 주는 자연 및 문화적 환경 요소 알아보기 • 우리 고장의 주요 산물과 오랫동안 전하여 내려오는 생활 양식 알아보기 • 사람은 누구나 생산자인 동시에 소비자임을 알기 • 우리 생활에 필요한 것을 얻고 활용하는 방법 알아보기 • 고장 생활을 돕는 기관과 그곳 사람들이 하는 일을 알고, 협력하기 • 우리 고장과 다른 고장의 협력 관계 알아보기 • 명랑하고 깨끗하고 아름다운 고장 만들기
자랑스러운 우리 나라 (1학년)	• 고장의 아름다운 모습을 알고, 향토를 사랑하기 • 민속 명절의 의의를 알고, 참여하기	• 우리 민족의 우수성을 알고, 전통 이어받기 • 고장과 나라를 위해 애쓴 분들에 대하여 감사하는 마음 가지기

구분				
가정 · 이웃 생활	• 바른 인사와 언행 • 부모님의 사랑, 자녀의 효도 • 친구의 잘못을 용서할 줄 아는 마음 • 고마움에 대해 감사할 줄 아는 마음 • 우리 학급에서 일어난 흐뭇한 일과 반성할 일	• 여러 가지 경우의 예절 • 가족을 존중하고 아껴 주는 마음 • 친구를 아끼고 믿는 마음 • 다른 사람의 처지가 되어 생각해 보기 • 우리 학교의 자랑과 학교에 대한 긍지	• 조상들의 예절 생활에서 본받을 점 • 화목한 가정 생활 • 친절한 마음 • 어려운 처지의 사람을 도와주기 • 우리 고장에서 일어난 흐뭇한 일	• 예절의 정신과 형식 • 친척 간의 화목한 생활 • 사랑과 자비의 마음 • 손아랫사람에 대한 사랑과 웃어른에 대한 공경 • 우리 고장 발전에 협력할 수 있는 일
시민 생활	• 다른 사람과의 약속 이행 • 사람들의 서로 다른 점에 대한 이해의 중요성 • 힘든 일 함께 하기 • 공공시설 아끼기 • 공정한 행동	• 자유와 책임 • 약한 사람 차별하지 않기 • 건전한 경쟁과 협동 • 공중도덕 지키기 • 정의감과 용기	• 서로 신뢰하는 사회 • 다른 사람의 이익 존중 • 시민 사회에서의 협동 • 자유와 질서의 의미 • 민주 사회에서의 평등	• 법을 지켜야 하는 까닭 • 다른 사람의 의견 존중 • 봉사하는 마음 • 개인의 이익과 공동의 이익과의 조화 • 정의로운 사회
국가 생활	• 국토를 사랑하는 마음 • 나라를 강하게 하는 길 • 나라를 위해 애쓴 조상들	• 나라를 빛내는 일 • 노력해서 이룬 우리 나라의 발전 • 민족의 문화 유산 애호	• 국가와 개인과의 관계 • 경제 생활의 윤리 • 외국에 사는 우리 동포들의 모습과 그들의 조국애 • 다른 나라와의 문화 교류의 필요성	• 자유 민주 국가에 사는 우리의 긍지 • 나와 나라 발전과의 조화 • 외래 문물의 도입과 우리 문화 발전 • 세계 평화에 기여하려는 자세
통일 · 안보 생활	• 함께 살아가야 할 우리 민족 • 우리 어린이들의 생활과 북한 어린이들의 생활 • 6.25 남침과 그 이후의 도발 사례	• 우리의 생활과 북한 주민의 생활 • 나라를 지키기 위해 애쓴 사람들 • 통일을 해야 하는 까닭	• 남북 분단의 아픔 • 우리 나라의 안보와 우리들의 생활 • 평화적인 통일과 무력에 의한 통일	• 우리 체제의 우월성과 북한 공산 체제의 문제점 • 자주 국방의 자세 • 평화 통일을 위한 우리의 자세

| 발전하는 우리 나라 (2학년) | • 우리 나라의 상징에 대한 인식과 바른 자세 익히기
• 북한 주민들의 비참한 생활을 알고, 동정하기 | • 국가적·사회적 행사의 의의를 알고, 참여하기
• 북한보다 잘 사는 우리의 생활 알기
• 달라져 가는 우리 생활을 알고, 앞날의 우리 생활 모습 알아보기
• 세계 각지에서 활약하는 우리 국민의 모습 알아보기 | |

도덕의 내용에 통합적 내용을 결부시켜 기본적으로 도덕 교과의 성격이 강하게 남아 있는 제6차 교육과정기의 바른 생활은 도덕성의 기초를 형성하는 것을 목적으로 하고 있기 때문에 〈표 2-3〉에서 볼 수 있듯이 도덕성 함양을 목적으로 하고 있는 도덕의 교과 계열상 기초가 되는 것으로 볼 수 있다.

〈표 2-3〉 제6차 교육과정의 바른 생활과 도덕의 내용 비교

바른 생활			도덕				
영역	1학년	2학년	영역	3학년	4학년	5학년	6학년
개인 생활	• 바른 몸가짐 • 상대에 알맞은 인사 • 웃어른에 대한 바른 말씨 • 등·하교 시의 안전 • 자기 일 스스로 하기 • 시간 지키기 • 정리 정돈 • 하루 생활 반성	• 바른 자세와 걸음걸이 • 때와 장소에 알맞은 인사 • 바른 말, 고운 말 쓰기 • 학교 주변 유해 환경으로부터의 안전 • 자신감과 긍지 가지기 • 약속 지키기 • 물자 절약과 저축 • 자신의 말과 행동 반성	개인 생활	• 동식물 보호 • 좋은 일 실천하기 • 정직한 태도 • 물건 아껴 쓰기	• 건강한 생활 • 스스로 생각하고 행동하기 • 약속지키기 • 시간 아껴 쓰기	• 인간 생명의 귀중함 • 창의적인 태도 • 부지런한 생활 • 생활 계획과 반성	• 앞날에 대한 설계 • 최선을 다하기 • 정신적 가치와 물질적 가치 • 신념과 실천
가정·이웃·학교 생활	• 형제간의 우애 • 바른 식사 예절 • 이웃에 대한 예절	• 부모에 대한 감사와 효도 • 방문, 손님 접대 시의 예절 • 친척 간의 예절 • 이웃에게 피해 주는 행동 삼가기	가정·이웃·학교 생활	• 가족끼리 존중하기 • 학교 생활의 반성 • 우정과 신의 • 고마움에 감사하기	• 친족 간의 예절 • 학교에 대한 긍지 • 용서하는 마음 • 다른 사람의 처지 이해하기	• 전통 예절에서 본받을 점 • 이웃 간의 존중 • 친절과 양보 • 어려운 처지의 사람들을 도와주기	• 예절의 정신과 형식 • 고장 발전에 협력하기 • 사랑과 자비 • 사랑과 공경

학교생활	• 선생님에 대한 예절 • 친구와 사이좋게 지내기 • 학급 물건 애용 • 학교 생활에의 적응	• 친구의 의견 존중 • 학교 규칙 지키기 • 학교 시설 애용 • 학교 행사 때의 예절 • 학교에 대한 긍지와 사랑	**사회생활** / • 공중도덕 지키기 • 봉사하기 • 여러 사람을 위하기 • 사람 차별 않기 • 다른 사람의 의견 존중	• 다른 사람의 이익 존중 • 경쟁과 협동 • 환경 보호 • 정의감과 용기 • 회의 시의 태도	• 법을 지키는 태도 • 시민 사회에서의 협동 • 경제 생활의 윤리 • 다른 사람의 권리 존중 • 합리적인 문제 해결 / • 법의 정신 이해 • 공동체 의식과 참여 • 사익과 공익 간의 조화 • 정의로운 사회의 건설 • 공정한 절차와 결과 존중
사회생활	• 공공시설 바르게 이용하기 • 질서 지키기 • 힘든 일 함께 하기 • 쓰레기 바르게 처리하기	• 공중도덕 지키기 • 불우 이웃 돕기 • 맡은 일 다하기 • 자연 보호 활동에 참여하기	**국가·민족생활** / • 나라 사랑 • 조상의 뜻 이어받기 • 분단 인식과 통일의 필요성 • 외국인에 대한 바람직한 태도	• 나라 발전에 협력하기 • 민족 문화 유산 아끼기 • 통일 조국의 미래 모습 • 세계 평화에 공헌한 사람들	• 국가와 개인 • 해외 동포들의 조국애 • 평화 통일의 방법 • 국제 문화 교류 / • 살기 좋은 나라 • 민족의 긍지와 사명 • 통일을 위한 노력 • 세계 평화와 인류 공영
국가·민족생활	• 국기, 애국가에 대한 바른 자세 • 애국 선열에 감사하기	• 국가에 대한 긍지와 애국심 • 해외 동포에 대해 관심 가지기 • 통일의 필요성을 알고 염원 가지기			

〈표 2-4〉에서 볼 수 있듯이 제7차 교육과정기의 바른 생활은 교과 간 통합(합과)의 문제를 극복하기 위해 활동 중심 주제에 의한 통합을 추구하였으나, 단원과 차시 수업을 설계함에 있어서 기존의 합과적 문제를 그대로 답습하고 있어서 바른 생활의 성격은 본질적으로 도덕의 성격과 동질적이라고 볼 수 있다. 기본적으로 바른 생활이 합과적 성향을 지니고 있는 한 바른 생활의 원천인 도덕의 범주에서 벗어나기 힘들다고 볼 수 있다.

<표 2-4> 제7차 교육과정의 바른 생활과 도덕의 내용 비교

바른 생활			도덕				
영역	1학년	2학년	영역	3학년	4학년	5학년	6학년
내 일 스스로 하기	• 몸 깨끗이 하기 • 자세 바르게 하기 • 스스로 준비하기	• 옷 단정히 입기 • 물건 아끼고 정리하기 • 스스로 공부하기	개인 생활	• 청결, 위생, 정리정돈 • 맡은 일에 책임 다하기 • 물건을 아끼고 소중히 하기	• 바른 몸가짐 • 스스로 생각하고 실천하기 • 시간을 아끼고 잘 지키기	• 정직한 생활 • 절제하는 생활	• 근면하고 성실한 생활 • 생명을 소중히 하기
예절 지키기	• 바르게 인사하기 • 바르게 식사하기	• 바르고 고운 말 쓰기 • 가족과 화목하게 지내기 • 이웃 사람들에게 예절바르게 행동하기	가정 · 이웃 · 학교 생활	• 효도와 우애 • 인사, 언어 예절 • 약속과 규칙을 잘 지키기	• 친절과 양보 • 친족 간의 예절 • 친구 사이의 믿음과 우정	• 서로 아끼고 공경하는 마음 • 이웃과 다정하게 지내기	• 사랑과 관용의 자세 • 학교 · 고장의 발전과 협동
다른 사람 생각하기	• 친구와 사이좋게 지내기 • 여럿이 함께 쓰는 물건 소중히 다루기 • 쓰레기 바르게 처리하기	• 약속 지키기 • 환경을 깨끗이 하기	사회 생활	• 거리 · 교통질서 지키기 • 환경을 보호하기	• 공공장소에서의 예절과 질서 • 공정한 생활 태도	• 타인의 권익 존중 • 공익 추구의 생활 • 민주적 절차 준수	• 법과 규칙을 잘 지키기 • 타인에 대한 배려와 봉사 • 자연 보전과 애호
질서 지키기	• 차례 지키기 • 학교 규칙 지키기	• 교통 규칙 지키기 • 여럿이 이용하는 장소에서 질서 지키기	국가 · 민족 생활	• 나라 사랑 • 분단 현실과 통일 필요성 인식	• 민족 문화 유산 애호 • 국가 안보를 위한 바른 자세	• 국가 발전에의 협력 • 평화 통일의 당위성과 방법 • 올바른 국제 문화 교류	• 통일 국가의 미래상과 민족 통일의 의지 • 해외 동포들에 대한 이해와 사랑 • 세계 평화와 인류 공영
나라 사랑하기	• 국기 바르게 달기 • 애국가 바르게 부르기	• 무궁화 사랑하기 • 우리 나라의 자랑거리 알기 • 통일에 대한 관심 가지기					

2007년 개정 바른 생활 교육과정에서도 1, 2학년 학생들이 개인 생활과 사회 생활에 필요한 기본적인 생활 습관, 예절, 규범을 가르치는 것을 추구하고 있기 때문에 인간의 삶에 필요한 도덕규범과 예절을 추구하는 도덕의 하위 체제가 된다고 볼 수 있다. 이런 점은 제7차 바른 생활 교육과정이 내용 체계가 영역과 내용으로 제시되었으나, 2007년 개정 교육과정에서는 사회심리적 조직 방법을 사용하

여 내용 체계가 대주제와 활동 주제로 바뀌었음에도 불구하고 영역과 대주제의 범주가 동일하고, 제7차 교육과정의 내용을 몇 개의 자구를 수정하고 1개 항목을 첨삭하는 수준에서 거의 그대로 옮겨 왔다는 것을 〈표 2-4〉와 〈표 2-5〉를 비교해 보면 쉽게 알 수 있다. 오히려 도덕의 경우 2007년 개정 교육과정의 개정 지침 중의 하나인 내용 20% 감축에 따라 내용의 양이 축소되었으나, 제7차 바른 생활 교육과정에 비해 추상성이 증가된 모습을 볼 수 있다. 따라서 2007년 개정 바른 생활 교육과정은 바른 생활과 도덕이 계열적이라는 제7차 바른 생활 교육과정이 지니고 있는 문제점을 고스란히 안고 있으며, 도덕의 내용 추상성이 증가하였기 때문에 그 계열성이 더욱 뚜렷하게 나타났다고 보아야 할 것이다.

〈표 2-5〉 2007년 개정 교육과정의 바른 생활과 도덕의 내용 비교

바른 생활			도덕				
영역	1학년	2학년	영역	3학년	4학년	5학년	6학년
내 일 스스로 하 기	• 몸 깨끗이 하기 • 자세 바르게 하기 • 스스로 준비하기	• 몸차림 단정히 하기 • 물건을 아끼고 정리 정돈하기 • 자기 일을 스스로 계획하고 실천하기	도덕적 주체로서의 나	• 도덕 공부는 이렇게 해요 • 소중한 나의 삶	• 정직한 삶 • 자신의 일을 스스로 하는 삶	• 최선을 다하는 생활 • 감정의 올바른 관리 • 반성하는 삶	• 자긍심과 자기 계발 • 자기 행동에 대한 책임감 • 용기 있는 행동
예절 지키기	• 바르게 인사하기 • 바르게 식사하기	• 바르고 고운 말 쓰기 • 가족끼리 서로 돕고 화목하게 지내기	우리·타인·사회와의 관계	• 가족 사랑과 예절 • 감사하는 마음의 표현 • 친구 간 우정과 예절	• 약속을 지키는 삶 • 공중도덕 • 인터넷 예절	• 이웃 간의 도리와 예절 • 서로 돕는 생활 • 대화와 갈등해결 • 게임중독의 예방	• 준법과 규칙 준수 • 공정한 행동 • 남을 배려하고 봉사하는 삶
다른 사람 생각 하기	• 친구와 사이좋게 지내기 • 여럿이 함께 쓰는 물건 소중히 다루기 • 환경을 보호하기	• 다른 사람을 배려하고 약속 지키기 • 이웃과 다정하게 지내기 • 생명을 보호하기					

질서 지키기	• 차례 지키기 • 규칙 지키기	• 교통질서와 규칙 지키기 • 여럿이 이용하는 장소에서 질서 지키기	나라·민족·지구공동체와의관계	• 나라의 상징과 나라 사랑 • 분단의 배경과 민족의 아픔	• 우리나라·민족에 대한 긍지 • 통일의 필요성과 우리의 통일 노력	• 북한 동포 및 새터민의 삶 이해 • 재외동포에 대한 관심	• 편견 극복과 관용 • 우리가 추구하는 통일의 모습 • 평화로운 세상
나라 사랑 하기	• 우리나라를 나타내는 것을 알고 사랑하기	• 우리나라의 자랑거리 소중히 하기 • 통일에 대하여 관심 갖기	자연·초월적 존재와의관계	• 생명의 소중함	• 올바른 자연관과 환경보호	• 참된 아름다움	• 사랑과 자비

바른 생활이 신설된 후 상당히 많은 시간이 지났음에도 불구하고 아직도 바른 생활이 도덕과 구분되는 독자적 위치를 확보하지 못했다. 그것은 바른 생활의 내용이 도덕의 교육내용을 공유하고, 심지어는 도덕 교육을 위한 기초적 내용을 기본 교육내용으로 삼고 있으며, 통합교과의 합과적 관점으로 인해 도덕이 바른 생활의 중심이 되었기 때문이라고 볼 수 있다. 바른 생활 교육과정 내용 혹은 활동에 도덕의 성격이 그대로 남아 있게 되어 도덕의 성격을 희석하고 도덕과 차별성을 강조하기 위해 의도적으로 바른 생활이 통합교과임을 동어반복적으로 규정하고 있다.

2009 개정 바른 생활 교육과정은 실천과 체험 중심으로 한 생활 경험을 통해 기본 생활 습관과 기본 학습 습관을 형성하여 올바른 생활을 하도록 돕는 것을 지향하여 도덕규범과 예절을 익히고, 도덕적 문제에 민감성과 도덕적 앎을 추구하는 도덕과 그 성격상 차별성을 지닌다고 볼 수 있다. 즉, 〈표 2-6〉에서 볼 수 있듯이 바른 생활에서는 대주제와 소주제를 학생들의 삶의 영역에서 도출하였고, 각 주제에 적합한 활동주제를 선정함으로써 도덕적 내용으로 구성되어 있는 도덕과 성격상 구별이 되었다.

〈표 2-6〉 2009 개정 교육과정의 바른 생활과 도덕의 내용 비교

바른 생활			도덕		
대주제	소주제	활동 주제	내용 영역	3·4학년	5·6학년
학교와 나	• 학교생활 • 나와 친구 • 몸 • 나의 꿈	• 안전하게 등하교하기 • 친구와 서로 도우며 공부하기 • 몸 소중히 다루기 • 나의 꿈 가꾸기	도덕적 주체로서의 나	㉮소중한 나 ㉯자신의 일을 스스로 하는 삶 ㉰성실한 생활 ㉱반성하는 삶	㉮감정의 조절과 표현 ㉯자기 행동에 대한 책임감 ㉰자긍심과 자기계발 ㉱절제하는 생활
봄	• 봄맞이 • 새싹 • 봄 날씨와 생활 • 봄나들이	• 봄맞이 청소하기 • 새싹 보호하기 • 봄철 건강관리하기 • 자연 환경 보호하기			
가족	• 집 • 가족 • 친척 • 다양한 가족	• 집에서 스스로 공부하기 • 가족 간의 예절 지키기 • 가족이나 친척의 소중함 알기 • 다양한 가족 존중하기	우리·타인과의 관계	㉮화목한 가정 ㉯친구 간의 우정과 예절 ㉰감사하는 생활 ㉱이웃 간의 도리와 예절 ㉲인터넷 예절 ㉳서로 돕는 생활	㉮정보 사회에서의 올바른 생활 ㉯웃어른 공경과 예절 ㉰배려하고 봉사하는 삶 ㉱대화와 갈등 해결
여름	• 여름 풍경 • 곤충 • 여름 날씨와 생활 • 여름 방학	• 건강한 여름나기 • 안전한 여름나기 • 에너지를 절약하는 생활하기 • 여름 방학 생활 스스로 준비하기			
이웃	• 이웃 • 가게 • 우리 마을 • 직업	• 이웃과 인사하기 • 물건 소중히 하기 • 공공시설과 물건 아끼기 • 일의 소중함 알기	사회·국가·지구공동체와의 관계	㉮공공장소에서의 질서와 규칙 ㉯나라에 대한 사랑과 긍지 ㉰통일의 필요성과 통일 노력 ㉱다문화 사회에서의 바람직한 삶	㉮인권 존중과 보호 ㉯법과 규칙의 준수 ㉰공동체 의식과 시민의 역할 ㉱공정한 행동 ㉲우리가 추구하는 통일의 모습 ㉳지구촌 시대의 인류애
가을	• 추석 • 낙엽과 열매 • 가을 날씨와 생활 • 가을 행사	• 조상에게 감사하는 마음 갖기 • 자연에 감사하는 생활하기 • 서로 돕는 생활하기 • 질서 지키기			
우리나라	• 우리나라의 상징 • 전통문화 • 이웃나라 • 남북통일	• 우리나라의 상징 알기 • 전통문화 소중히 여기기 • 외국인을 대하는 바른 태도 갖기 • 통일을 위한 노력 알아보기	자연·초월적 존재와의 관계	㉮생명의 소중함 ㉯자연 사랑과 환경 보호	㉮참된 아름다움 ㉯사랑과 자비
겨울	• 겨울맞이 • 동물 • 겨울 날씨와 생활 • 겨울 방학 • 한 해를 보내며	• 나누는 생활 실천하기 • 동물 보호하기 • 겨울철 건강하고 안전하게 생활하기 • 겨울 방학 생활 스스로 준비하기 • 한 해 생활 반성하기			

　　2009 바른 생활 교육과정의 주제를 도덕과는 관련성을 단절하고 슬기로운 생활과 즐거운 생활의 관련을 중시하여 이 세 통합교과의 교육과정을 통일하였기 때문에 주제 체계(주제 영역 및 소주제)가 도덕의 내용 체계와 상이하게 되었다(이영문, 2012, p.75). 2009 바른 생활 교육과정의 구체적인 내용 또는 활동 속에는 도덕과 유사한 혹

은 공유된 내용과 활동이 여전히 존재하기는 하나, 이 단절성 때문에 2009 바른 생활 교육과정이 도덕 교육과정과 완전히 분리된 계기가 되었다고 평가할 수 있다.

제4차 교육과정에서는 제3차 교육과정의 교과 편제를 그대로 유지하면서 단지 통합교과서를 통해 교과의 통합적 지도를 추구했다. 따라서 제4차 교육과정 바른 생활 교과서는 기본적으로 원천 교과의 내용으로 구성되어 있기 때문에 교과서의 내용은 쉽게 원천 교과로 환원할 수 있을 정도로 내용상 통합성이 매우 부족했다. 제5, 6차 교육과정에서는 합과적 통합을 추구했기 때문에 독립된 바른 생활 교육과정이 개발되었음에도 불구하고 제4차 교육과정의 바른 생활 교과서가 가지고 있던 내용상 통합성 부족과 원천 교과로서의 환원이라는 문제점을 그대로 지니고 있었다. 특히 제5차 바른 생활 교육과정 시 도덕과 사회의 합과적 성격을 지니고 있었는데, 제6차 바른 생활 교육과정에서는 사회가 슬기로운 생활로 통합되면서 자연히 바른 생활은 도덕 중심의 통합교과가 되었다. 이로 인해 바른 생활과 도덕이 거의 동일 교과로 볼 수 있을 정도로 내용 영역과 내용의 계열성이 뚜렷하게 나타났다. 주제 중심의 탈학문적 접근을 했던 제7차 교육과정 이후의 교육과정에서도 원천 교과에서 유래한 내용을 세 통합교과에 배분하였기 때문에 바른 생활의 내용 또는 활동은 도덕의 내용 및 활동과 상당한 정도의 계열성을 지니고 있었다. 2007년 개정 바른 생활 교육과정은 사회심리적 조직방식을 취했으나, 제7차 교육과정의 대주제와 소주제를 거의 그대로 수용하였기 때문에 제7차 바른 생활 교육과정의 문제점을 그대로 지니게 되었다. 2009 개정 교육과정은 독자적 주제 체계를 설정함으로써 도덕과 조직 방식(형식상)에서 독립적이게 되었으나, 교육과정 내용이 2007년 개정 교육과정을 답습하였기 때문에 내용상에서는 동일한 문제를 안게 되었다.

3. 바른 생활과의 '실천중심'적 성격

2007년 개정 바른 생활에 이르기까지 교과의 성격이 통합교과임을 동어반복적으로 선언하는 것과 같은 다소 부자연스러운 모습을 보이면서 도덕과의 단절을 추구하였다. 그러나 바른 생활의 교육내용이 도덕의 교육내용과 많은 부분을 공유하였기 때문에 그 시도에 부합될 만큼 차별성을 부각시키지 못했다. 바른 생활이 도덕과 상이한 교과가 될 수 있는 것은 교육과정 성격과 체제의 차별성을 넘어서 바른 생활 교육과정에서 다루어지는 내용 혹은 활동이 도덕의 그것과 차별성을 가질 때만이 가능해진다.

2009 개정 도덕 교육과정에 "도덕에서는 '자율적이고 통합적인 인격 형성'을 위해 윤리학적 접근을 중심으로 하되, 연관된 여러 학문의 접근 방법을 활용한다."(교육과학기술부, 2011, p.134)고 규정되어 있어 도덕은 기본적으로 전통적 교과 교육과정 내용을 지향하고 있다. 그런데 정혜민은 교육과정 개정에 따라 바른 생활 교육과정 내용이 변화되어 왔지만 그 속에서도 변하지 않고 꾸준히 유지되어 온 영역 및 대주제, 활동 주제 및 성취 기준, 지도 내용 및 제재 요소가

있다고 하였다. 한 교과에서 특정 내용이 긴 시기 동안 변하지 않고 이어져 왔다면 이는 해당 교과에서 가르쳐야 할 필수 학습 요소로서의 경험적 정당성을 부여받은 것이라고 했다(정혜민, 2013, p.103). 정혜민이 바른 생활에서 지속적으로 교육내용으로 제시되었던 내용은 고스란히 도덕 성격의 영역, 대주제, 활동 주제 및 성취 기준, 지도 내용 및 제재 요소인 것이다. 교육과정 개정에도 불구하고 도덕과 바른 생활에서 공통적으로 가르치려고 하는 내용을 찾아 바른 생활의 위치를 공고히 하려는 이와 같은 시도가 오히려 바른 생활이 도덕과 다르지 않음을 증명하는 것이라고 볼 수 있다.

2009 개정 '통합교과 교육과정은 학생의 일상적인 생활 모습에 충실한 내용과 방식으로 학생이 교과 지식을 일상적으로 경험할 수 있는 형태로 통합ㆍ조직'(교육과학기술부, 2011, p.26)되어 있어 바른 생활의 교육과정 내용의 성격은 학문적 지식을 바탕으로 하고 있는 도덕의 교육과정 내용의 성격과는 상이한 것이다. 바른 생활에서 경험하게 될 "'생활' 또는 '생활 장면'은 교과 내용의 통합과 경험 속에서의 통합을 연결해 주는 중요한 역할을 한다"(이영문, 2012, p.76). 그래서 "바른 생활 교과가 도덕 교과의 성격에서 탈피하여 초등학교 저학년 학생들의 학습과 생활을 모두 담당하는 새로운 역할을 가지도록 하였다"(이영문, 2012, p.78). 결국 바른 생활 교육과정의 내용(주제) 영역과 내용이 도덕의 내용과 단절성을 지닐 때 마침내 바른 생활이 도덕에서 벗어난 독립된 교과가 될 수 있었던 것이다.

도덕의 성격을 탈피한 바른 생활이 성립할 수 있도록 하는 것이 바로 교과 지식을 일상 속에서 경험할 수 있도록 하는 것이라는 점은 통합교과가 구체적 생활사태와 추상적 교육사태의 중간에 위치하고 있다는 다음과 같은 이환기의 주장과 동일하다고 볼 수 있다. "이 두 사태의 차이는 결국 맥락성과 탈맥락성의 차이로 구분될 수 있을 것이다. 맥락이 있는 생활사태에서는 아이가 어떤 경험을 할 때에는 그것과 관련된 정서를 포함한 온갖 내용들이 동시에 결합되어 자연스럽게 의미를 창출하며, 아이는 큰 어려움 없이 그 경험과 관련된 의미를 학습하게 된다"(이환기, 2015, p.17). 그러면서도 교육을 전적으로 생활사태에 의존할 수 없음을 다음과 같이 지적하고 있다.

> 생활에 필요한 능력을 가르친다는 점에서 보면, 인위적으로 가르쳐야 배울 수 있는 내용과 성숙이나 사회 생활 속에서 자연스럽게 학습하게 될 내용을 구분하지 않는 것은 분명히 문제점으로 지적될 수 있지만, 그럼에도 불구하고 이것이 교육적으로 받아들여질 수 있는 여지는 오로지 그것이 다음 교육을 위한 기초를 마련해 준다는 점에서이다. 이 문제는 곧 3학년 이상의 교육의 문제와 연결된다(이환기, 2015, p.17).

여기에서 주목해야 할 점은 생활사태에서 경험한 내용이 교과의 내용과 연결되어야 한다는 것이다. 이환기는 통합교과를 인식론적 문제를 우회하고 학생들의 학습을 도와주기 위한 방편으로 인식하였기 때문에 통합교과가 유치원의 학습 경험과 3학년 이후의 교과 학습이 잘 연결될 수 있도록 하는 연결 고리의 역할을 할 수 있게 하는 데 관심이 있는 것으로 보인다. 이는 현재 학생의 교육적 경험이 현재의 교과 내용과 동질적이며, 현재의 경험이 현재의 교과 내용으로 성장·연결될 수 있다는 의미에서 가능한 것이다. 이런 의미에서 볼 때 현재 바른 생활의 내용(교과 지식)을 일상적으로 경험할 수 있는 형태로 통합·조직되고, 일상적 경험(실천과 체험 중심)을 통한 교육이 이루어진다고 하더라도 그 내용의 원천은 여전히 도덕임을 부정할 수 없고, 바른 생활 교육은 결국 도덕을 지향하고 종국에는 계열적으로 하위 교과가 될 수밖에 없다.

2009 개정 바른 생활 교육과정의 성격과 내용이 도덕과 구분되도록 하며, 그 교육과정을 운영함에 있어서 가장 중요한 개념은 실천과 체험이다. 그래서 '바른 생활'에서 알아야 하는 것과 할 수 있어야 하는 것을 구체적인 '실천 활동' 과정에서 동시에 다루어지게 하며, 이 과정에서 학생은 자연스럽게 '바르게 생활하는 사람'으로 성장하도록 한다. 앞서 지적한 바가 있듯이 이 실천 활동이 바른 생활과 도덕의 성격 상 차이를 가져온다고 가정하더라도, 그 실천 활동에서 '어떤 교육과정 내용이 다루어지며, 어떤 성격의 활동을 할 것인가'에 따라서 바른 생활과 도덕은 동질적 교과가 될 수도 있고, 독립된 교과도 될 수 있다.

앞서 지적한 바와 같이 정혜민의 주장처럼 도덕과 공유하는 내용이면서 바른 생활에서 지속적으로 교육내용으로 간주되고 있는 교육과정 내용이 바른 생활에서 가르쳐진다면 두 교육과정은 교과 활동만 상이할 뿐 동질적 교과가 된다. 바른 생활은 성인들이 가치 있다고 생각하여 초등학교 1, 2학년 학생들이 학습하기를 기대하는, 그리고 그것이 정작 학생들의 삶에는 가치가 있는지에 대해서는 고려되지 않은 한 자루의 덕목(기본 생활 습관과 기본 학습 습관)을 실천과 체험이라는 방법을 통해 학생들이 습득하도록 하여 궁극적으로 도덕의 교육으로 연결되도록 하는 것을 목적으로 삼고 있다. 선험적으로 가치 있다고 간주되거나 사회적으로 가치 있다고 합의한 한 자루의 덕목 개념이나 지식관을 지니게 되면 어떤 교과의 지식이나 덕목의 학습이 그 선험성과 사회적 합의에 의해 공고해진다. 그것이 어떤 덕목이나 지식을 배워야 하며, 또 어떤 덕목과 지식을 배우지 않아야 하는 명백한 이유가 된다.

일상적 경험(실천과 체험 중심)을 통한 교육을 지향하는 바른 생활이 덕목이나 윤리학적 지식을 가르치려는 도덕과 상호 독립적인 교과가 되기 위해서는 도덕에서 추구하는 실천의 의미에서 벗어나 바른 생활을 포함한 통합교과에서 추구할 실천의 의미를 재설정할 필요가 있다. 바른 생활에서 실천의 의미를 확인하기 위해서는 우선 이론적인 것과 실천적인 것의 차이를 확인하는 것이 필요하다. 도덕과를 포함한 대부분의 교과의 지식은 주로 세계에 대한 이해와 관련된 이론적인 것이기 때문이다. 이론과 실천의 차이에 대한 슈왑(Schwab)의 의견(Schwab, 1978, pp. 288-291)을 요약하면 다음과 같다.

〈표 2-7〉 이론과 실천의 비교

	이론	실천
탐구 문제의 근원	마음의 상태, 혹은 연구자의 추상적 개념	실제 사태 혹은 생활 속에서 경험된 딜레마
탐구 방법	현상에 대한 연구자의 귀납 혹은 발견 결과에 기초한 가설 연역	실제와의 상호 작용
탐구 대상	보편적이고 일반적인 것에 대한 통찰	구체적이고도 특정한 상황에 대한 특수한 통찰

| 탐구 목적 혹은 결과 | 지식, 즉 통칙화된 혹은 보편적 진술 | 의사 결정, 즉 행위에 대한 선택이나 이에 대한 지침 |

확실성이 지배하는 세계는 변화하는 현상 속에 고정된 불변적 실체가 존재하고 있음을 전제하고 있다. 확실성의 세계는 인과의 보편적 결합으로 구성되어 있기 때문에 인과의 보편적 결합의 이해가 곧 세계에 대한 이해, 즉 이론적 세계인 것이다. 확실성의 세계는 인간이 이성으로 이해 가능한 세계이며, 보편적 법칙에 의해 질서 지어진 세계이며, 보편성의 이해를 통해 예측 가능한 세계이다. 귀납과 가설 연역과 같은 방법, 즉 인간 이성을 통해 "언제 어디서나 동일한 법칙성과 객관성이 보장되어야 한다는 원칙에 의해서 지식의 보편타당함을 추구하였다"(이경진, 2014, p.14). 이 관점에서는 인간 이성을 통해 '알 수 없는 것'은 아니나 현재의 보편적 법칙과 인식 방법으로는 예측되지 않고 이해되지 않는 현상을 불확실성의 세계라고 보았다. 그것은 인간 이성으로 결코 이해할 수 없는 세계가 아니라, 여러 가지 현실적 제약에 의해 아직까지는 인간 이성으로 이해되지 않는 세계일 뿐이다(이종원, 2002, p.367). 따라서 현실적 제약을 극복한다는 것은 인간 이성을 통해 불확실성을 극복하고 확실성의 세계로 나간다는 것을 의미하고, 인간은 이성을 통해 부단히 불확실성에서 확실성으로 나가려고 한다.

여기에서는 실천은 두 가지 의미를 지닌다. 하나는 확실성을 담보하고 있는 지식을 습득하여 현실 세계에 적용하는 것이고, 다른 하나는 불확실성의 세계를 확실성의 세계로 전환하는 것이다. 전자는 적용 혹은 적응의 문제이고, 후자는 이론의 문제인 것이다. 도덕 교육에서 전자의 경우는 가치 있다고 여겨지는 한 자루의 덕목을 학생들이 습득해서 필요한 상황에 알맞은 덕목을 꺼내 적용하고, 이를 통해 학생들이 현실의 삶에 적응하도록 하는 것이다. 그래서 그동안 어떤 덕목의 언어적 의미를 깨우쳐 주고, 일상생활을 통하여 실천하도록 격려하는 도덕교육을 실시하였다. 이것은 이성적 판단이나 반성 없이 덕목의 실천만을 강조하여, 사회적, 역사적 맥락을 외면한 채 덕목의 실천에만 주력하였다(교육부, 1994, p.3)는 비판을 받기도 했다.

다른 하나의 경우는 덕목의 실천보다는 학생들이 속한 공동체의 삶과 역사적 전통을 관련시켜 역사적 전통 속의 공동체적 삶에 필요한 덕목을 도출할 수 있도록 교육(교육부, 1994, p.4)하며, 도덕적 규범을 내면화하게 하며, 나아가 스스로 도덕적 규범을 규정하고 실천하며, 도덕적 사고를 하도록 한다는 것이다. 이것은 학문 중심 교육과정에서 지향하는 바와 같이 학생들이 윤리학적으로 사고할 수 있도록 가르치려는 것, 즉 학생들이 학문하기를 가르치려고 하는 학문적 실천인 것이다.

지금까지 바른 생활에서는 이런 종류의 지식-객관적 실체가 존재한다는 근거 위에 도출한 불변적 진리를 지향하는 근대적 지식이나 지식을 통해 사회를 진보시키거나 사회에 적응하려는 것을 지향하는 도구적 지식을 교육의 내용으로 삼았다. 이 교육내용은 근대성을 근간으로 하는 근대적 사회에서 적합성을 지니나, 객관적 실체의 존재 자체를 의문시하는 오늘날에는 더 이상의 교육적 적합성을 지니지 않게 되었다. 인간이 불확실성의 세계를 접했을 때 보편성을 이해하려고 노력하기보다는 자신을 척도로 삼아 그 세계를 해석하려고 한다. 이렇게 해석된 세계는 개별적 경험의 세계, 주관적 세계이며, 개별적 인간 경험에 의해 구성된 세계이자, 질서화되고 조직된 세계인 것이다. 개인의 경험은 특정 시공간 속에서 얻어진 맥락적 세계인 것이다(이종원, 2002, pp.369-370). 이렇게 개별적 존재에 의해 구성된 세계는 맥락성 속에 존재하기 때문에 불확실성은 항존하며 어떠한 노력에 의해서도 결코 감소되지 않는다. 그런 상황 속에서 실천이라는 것은 세계에 대한 이해를 통해 불확실성을 감소시키는 과정이 아니라 현재의 불확실성 속에서 개별적 경험을 토대로 의미 구성을 위해 부단히 의사결정을 하는 과정인 것이다.

바른 생활이 생활사태 속에서의 경험을 중심으로 하는 교과 활동이라면 바른 생활에서 다루어지는 활동은 세계에 대한 보편적 법칙에 대한 이해의 문제나 일반적 법칙이나 기법을 적용해서 현실 문제를 해결해 가는 절차적 문제가 아니다. 오히려 바른 생활에서 다루는 삶의 문제는 수단과 목적 간의 상호작용적 숙고를 통해서 해결되는 '불확실한 실천적 문제'(Reid, 1978, pp.42-50)인 것이다. 불확실한 실천적 문제는 우리의 일상생활에서 부딪히고 있는 영속적인 것으로, 본질적으로 서로 다른 이론이 상충할 수 있는 문제다. 박순경(1991, p.19)은 합리성을 근거로 현재의 문제를 해결 혹은 불확실성을 감소시켜 나가려는 절차적 문제와 불확실한 실천적 문제를 비교하면서 불확실한 실천적 문제를 다음의 〈표 2-8〉과 같이 요약하고 있다.

〈표 2-8〉 불확실한 실천적 문제의 특성

문제의 성격	• 문제에 대한 상세한 기술과 문제의 의도가 규명되어 있지 않다. • 무엇을 행해야 하는가에 대한 도덕적인 문제이다. • 문제에 관한 다양하고 갈등적인 요인들 간의 합리적인 균형을 요구하는 영속적인 문제이다.
가치	• 현재의 상황을 충분히 고려해야 하고, 목표와 가치 차원이 부각된다.
의사 결정 방법	• 비교 불가능한 것을 비교해야 하는 판단 내지는 숙의로서 확실한 해결책을 마련할 수 없다.

교육과정에서 불확실한 실천적 문제는 교육과정이란 현상이 발생하고 있는 맥락에 의해 주어지고 학습자들이 주체적으로 만들어 가면서 변화하는 미완결의 과정으로 규정될 수 있다. 이렇게 볼 때 지금까지의 바른 생활은 삶의 적응을 위해 삶에 필요한 덕목을 가르쳐 현실에 적용하면서 현실의 삶에 적응하도록 하거나, 도덕적 규범에 대한 윤리학적 이해를 하도록 가르치는 절차적 행위였다.

그러나 불확실한 실천적 문제를 교육내용으로 삼아 그것을 가르치고 배우는 행위는 집단 구성원이 학습을 전개해 가면서 발생하는 역동적인 상호작용, 즉 부단한 의사결정 행위를 의미한다. 불확실한 실천적 행위는 해도도, 나침반도 없이 폭풍우가 치는 바다에서 물이 새는 배를 타고 물을 퍼내면서 어디에 있는지도 모를 정착할 항구를 찾아 선장도 없이 항해하기 위해 승선한 모든 사람들이 부단히 의사결정해 가야 하는 상황에 비유할 수 있을 것이다. 교육에서 어떤 지식이 선험적으로 가치 있는 지가 규정되어 있지도 않고, 또 그렇게 사회적으로 합의할 수도 없다. 그러므로 바른 생활을 가르치고 배우는 행위는 단순히 사회적으로 규정된 혹은 선험적으로 가치 있는 한 자루의 덕목을 학생들에게 전달하고 학생들이 전수받는 것이 아니라, 학생들이 존재의 자기반성을 통해 그러한 덕목이 존재할 수밖에 없는 이유나 그것을 설명해 줄 수 있는 이론을 찾아낼 수 있게 하는 비판적 합리성을 지니도록 만드는 것이다.

4. 맺음말

2장에서는 통합교과로서 바른 생활의 성격을 규정하기 위해 우리나라 초등학교 교육과정에서 통합교과의 유형과 바른 생활과 도덕의 관계성이 어떻게 변화되었는지를 확인한 후에 바른 생활이 원천교과인 도덕과 구분될 수 있는 핵심적 개념을 찾아 그것을 재규정함으로써 통합교과로서 바른 생활과의 성격을 규정하려고 하면 다음과 같다.

⑴ 우리나라 교육과정에서 통합교과의 유형은 교과의 통합적 지도, 합과적 통합, 탈학문적 통합의 유형순으로 변화하였다. 제4차 교육과정에서는 교과의 통합적 지도라는 관점에서 도덕, 국어, 사회의 내용을 통합하여 통합 교과서인 바른 생활 교과서를 개발하였다. 제5차 바른 생활 교육과정은 학생들로 하여금 건전한 도덕성을 함양하도록 하는 교과인 도덕과 교과 성격상 차이점이 없었다. 제6차 교육과정의 바른 생활은 새로운 교과라기보다는 도덕에 통합교과적 내용이 가미된 도덕 중심의 통합교과라고 보아야 할 것이다.

제7차 바른 생활 교육과정은 각 영역의 주제에서 다루어야 할 광범위한 범교과적 활동 내용을 제시하여 이전까지의 단순한 교과의 합과적 형태를 벗어났다. 2007년 개정 바른 생활 교육과정에서는 심리적 · 사회적 접근을 강조(교육과학기술부, 2008, p.14)하여 주제 중심의 통합교과 교육과정을 개발했다. 2007년 개정 바른 생활 교육과정의 주제는 7차 바른 생활 교육과정의 대주제와 동일했고, 주제의 경우 자구를 바꾸거나 소수의 주제를 변경하였으며, 내용(제재)의 경우 몇 개의 경우를 제외하고는 동일하였다. 2007년 개정 통합교과 교육과정이 상호 독립적으로 개발되었기 때문에 각 교과에서 주제를 선정하는 기준에 일관성과 통일성이 없어 학생들의 삶을 교육과정 내용으로 삼고 학습에 통합성을 부여하려는 본래의 취지를 달성하는 데 상당한 제한성이 있었다. 이런 제한성을 극복하기 위해 교과서 개발 시 통합 단원의 개념을 설정하여 2, 3개 교과의 내용을 동일 주제에 통합하여 단원을 개발하였다. 2009 개정 교육과정에서는 통일된 주제 아래 세 통합교과의 교육과정 내용을 개발하였으나, 원천 교과에서 도출한 내용을 세 교과에 배분하였기 때문에 기존의 세 통합교과의 구분이 존재하는 한 2009 개정 교육과정도 분과교과의 합과라는 그늘을 완전히 벗어날 수 없다.

(2) 지금까지 교육과정 개정을 거듭하고 있는 동안에 바른 생활이 도덕과 동질적이라고 보는 관점과 도덕과 별개의 독립적 교과라고 보는 이 두 관점의 적절한 절충을 통해 바른 생활의 성격이 규정되어 왔다고 볼 수 있다. 제6차 교육과정기의 바른 생활은 도덕성의 기초를 형성하는 것을 목적으로 하고 있기 때문에 도덕성 함양을 목

적으로 하고 있는 도덕에 비해 교과 계열상 기초가 되는 것으로 적시하고 있다. 바른 생활과 도덕과의 내용 영역도 '개인 생활' '가정 · 이웃 생활' '학교 생활' '사회 생활' '국가 · 민족 생활'로 동일하며, 동일 영역에 제시되는 내용이 마치 한 교과인 것처럼 계열성을 가지도록 체계화하여 두 교과가 계열적임을 제시하였다. 제7차 바른 생활 교육과정에서는 바른 생활과 도덕과의 내용 영역은 서로 다르다. 그러나 영역의 범주를 서로 다르게 진술하고 있으나, '내 일 스스로 하기'–'개인 생활', '예절 지키기'–'가정 · 이웃 · 학교 생활', '다른 사람 생각하기'와 '질서 지키기'–'사회 생활', '나라 사랑하기'–'국가 · 민족 생활'의 바른 생활의 영역과 도덕의 영역의 짝을 살펴보면 두 교과의 영역이 동질적이라는 것을 볼 수 있다. 그리고 바른 생활의 각 영역의 구체적 내용은 모두 도덕의 성격 내용이라고 볼 수 있다. 그러나 바른 생활의 내용은 도덕의 내용보다 더 구체적 내용이어서 바른 생활과 도덕은 상호 계열적이라고 볼 수 있다. 2007년 개정 교육과정에서는 사회심리적 조직 방법을 사용하여 내용 체계가 대주제와 활동 주제로 바뀌었음에도 불구하고 영역과 대주제의 범주가 동일하고, 제7차 교육과정의 내용을 몇 개의 자구를 수정하고 1개 항목을 첨삭하는 수준에서 거의 그대로 옮겨 왔다. 따라서 2007년 바른 생활 교육과정은 바른 생활과 도덕이 계열적이라는 제7차 바른 생활 교육과정이 지니고 있는 문제점을 고스란히 안고 있으며, 도덕의 추상성이 증가하였기 때문에 그 계열성이 더욱 뚜렷하게 나타났다고 보아야 할 것이다. 2009 개정 바른 생활 교육과정은 실천과 체험 중심으로 한 생활 경험을 통해 기본 생활 습관과 기본 학습

습관을 형성하여 올바른 생활을 하도록 돕는 것을 지향하여 도덕규
범과 예절을 익히고, 도덕적 문제에 민감성과 도덕적 앎을 추구하는
도덕과 그 성격상 차별성을 지닌다고 볼 수 있다. 2009 바른 생활과
교육과정의 주제를 도덕과의 관련성을 단절하고 슬기로운 생활과
즐거운 생활과의 관련을 중시하여 이 세 통합교과의 교육과정을 통
일하였기 때문에 주제 체계(주제 영역 및 소주제)가 도덕의 내용 체계
와 상이하게 되었다.

(3) 도덕의 성격을 탈피한 바른 생활이 성립할 수 있도록 하는 것
이 바로 교과 지식을 일상 속에서 경험할 수 있도록 하는 것이다. 이
를 위해 교육과정을 운영함에 있어서 가장 중요한 개념은 실천과 체
험이다. 바른 생활 교육과정 운영에서 교육과정 내용인 불확실한
실제적 문제는 교육과정에 의해 이루어지고 있는 맥락에 의해 주어
지고 주체적으로 만들어지면서 변화해 가는 미완결의 과정으로 규
정될 수 있다. 이렇게 볼 때 바른 생활을 가르치고 배우는 교육과정
행위는 집단 구성원이 전개해 가는 역동적인 상호작용, 즉 실천적
행위를 의미한다. 즉, 바른 생활을 가르치고 배우는 행위는 단순히
사회적으로 규정된 혹은 선험적으로 가치 있는 한 자루의 덕목을 학
생들에게 전달하고 학생들이 전수받는 것이 아니라, 학생들이 존재
의 자기반성을 통해 그러한 덕목이 존재할 수밖에 없는 이유나 그것
을 설명해 줄 수 있는 이론을 찾아낼 수 있게 하는 비판적 합리성을
지니도록 만드는 것이다.

● 참고문헌

교육과학기술부(2008). 초등학교 교육과정 해설(II).

교육과학기술부(2011). 초등학교 교육과정(교육과학기술부 고시 제2011-361 별책 2).

교육부(1992). 국민학교 교육과정.

교육부(1994). 국민학교 교육과정 해설.

교육부(1998). 초등학교 교육과정.

교육인적자원부(2007). 초등학교 교육과정.

군정청문교부(1946). 초중등학교 각과 교수요목집(4). 조선교학도서주식회사.

김경애(2004). 교육과정 개정에 따른 초등 통합교과 통합 유형의 변화 분석. 경인교육대학교 교육대학원 석사학위논문.

김민환(2007). 초등학교 교과 교육과정의 통합 방식 연구: 총론 개발을 위한 시사점 탐색. 학습자중심교과교육연구, 7(1), 63-88.

김종건 외(1996). 통합교과의 교육과정 · 교과서 구조 개선 연구. '96교육부 위탁 연구과제 답신 보고.

문교부(1955). 국민학교 교과과정.

문교부(1963). 국민학교 교육과정.

문교부(1973). 국민학교 교육과정.

문교부(1982a). 국민학교 교육과정.

문교부(1982b). 국민학교 새교육과정 개요.

문교부(1988). 초등학교 교육과정 해설.

박순경(1991). 교육과정 문제의 성격과 교육과정 '숙의'의 한계성 검토. 이화여자대학교 대학원 박사학위논문.

박채형(2012). 초등학교 통합교과 교육과정의 변천. 통합교육과정연구, 6(1), 195-213.

신현화, 신현우(2013). 통합 교육과정으로서 2009개정 바른 생활과에 대한 비판적 분석. 초등도덕교육, 41, 145-166.

유제순(2005). 초등학교 통합교과의 내용구성 분석. 교육학논총, 26(1), 143-175.

윤상호(2013). 바른 생활과 내용 요소 변천 연구. 대구교육대학교 교육대학원 석사학위논문.

이경진(2014). 탈근대 사회에서의 교육내용으로서 예술교과의 적합성. 대구교육대학교 교육대학원 석사학위논문.

이영만, 홍영기(2006). 초등통합교육과정. 학지사.

이영문(2012). 통합교과 교육과정으로서 초등학교 바른 생활 교육과정에 대한 비판적 고찰. 통합교육과정연구, 6(1), 69-87.

이종원(2002). 관찰연구에서 질적 접근과 양적 접근의 불가공약성. 초등교육연구 15(2), 356-386.

이환기(2015). 초등학교 교과로서 통합교과의 성격 탐색. 통합교육과정연구, 9(1). 1-31.

정혜민(2013). 바른 생활과 교육과정 개정에 따른 내용 분석. 초등교육학연구, 20(1), 83-106.

조난심(1993). 바른 생활. 한명희 외 공저, 초등학교 교육과정 해설. 교육과학사.

Hirst, P. H. (1974). *Knowledge and the curriculum.* London: Routledge & Kegan Paul.

Reid, W. A. (1978). *Thinking about curriculum: The nature and treatment of curriculum problems.* London: Routledge & Kegan Paul.

Schwab, J. J. (1978). The practical: A language of curriculum. In I. Westbury & N. Wilkof (Eds.), *Science, curriculum and liberal education.* Chicago: The University of Chicago Press.

3장

슬기로운 생활: 탐구중심의 통합교과*

정 광 순

> 새로운 교육과정 개발이 나에게 맡겨진다면 나는 기꺼이 역사의 구조,
> 물리학의 구조, 수학적 일관성 등에 관한 강조를 줄이고 오히려 우리가
> 당면하고 있는 여러 가지 사회적 문제와 관련한 교육과정을 다룰 것이다.
>
> - J. Bruner, 1971

'슬기로운 생활'이 어떤 교과이며, 그래서 무엇(어떤 내용, 교육과정)을 어떻게 가르치는 것이 '슬기로운 생활답다'고 할 수 있는가?

통상 교사는 슬기로운 생활 수업을 해야 비로소 이 교과가 어떤 교과인지를 생각하기 시작한다. 왜냐하면 슬기로운 생활 수업을 하면서 슬기로운 생활 수업을 어떻게 해야 하나 하는 문제를 구체적으로 고민하기 시작하기 때문이다. 이 교과를 왜 가르쳐야 하는지, 어떤 점에 중점을 두어야 하는지, 그래서 무엇을 가르쳐야 하는지 등 슬기로운 생활 교과교육을 하는 데 필요한 고민을 본격적으로 한다.

---

* 이 글은 '정광순, 박채형(2015). 교과로서 슬기로운 생활에 대한 인식 과정 탐구, 통합교육과정
연구, 9(4), 31-55'를 수정한 것이다.

문제는 대부분의 초등학교 교사들이 어느 날 갑자기 1, 2학년 담임을 배정받고, 그때서야 슬기로운 생활을 막연히 '통합교과'라고 인식하는 정도이다. 즉, 슬기로운 생활 교과(특히 교과서)를 '사회 교과와 과학 교과를 통합한 교과'로 알고 있는 편이다. 이런 막연한 인식이 결국 슬기로운 생활 수업을 할 때 '이 차시는 사회, 저 차시는 과학 혹은 이 페이지는 사회, 저 페이지는 과학'으로 파악하도록 이끈다.

　교과로서 슬기로운 생활에 대한 교사들의 이러한 통념은 아마도 제4차 개정 교육과정 시행과 함께 1983학년도 처음으로 기존의 산수와 자연 교과를 통합한 슬기로운 생활 교과서를 개발하여 현장에 보급한 그 출발 방식 때문일 것이다. 당시 대부분의 교사들이 '슬기로운 생활'이라는 이름이 적힌 교과서를 받아서는 시간표의 산수와 자연 수업 시간에 해당하는 칸에 슬기로운 생활을 적어 넣고, 그 시간에 슬기로운 생활 교과서를 차례로 가르쳐 왔다. 슬기로운 생활 교과서의 어떤 페이지에는 산수가 있었고, 어떤 페이지에는 자연이 있었기 때문에 이번 시간은 산수를 가르친다, 이번 시간에는 자연을 가르친다는 생각으로 슬기로운 생활 교과를 운영해 왔다.

　주지하듯이, 국가교육과정 체제에서 슬기로운 생활은 산수, 자연(제4차) → 자연(제5차) → 사회, 자연(제6차)으로 슬기로운 생활에 통합되는 개별 교과들만 바뀌었을 뿐, 슬기로운 생활을 '기존의 교과를 통합한 교과'로 인식하는 경향이 잔류해 왔다.

　슬기로운 생활을 하나의 교과로 보게 된 것은 아마도 제7차 교육과정부터일 것이다(김승호, 1999; 정광순, 2010). 제7차 교육과정은 통합교과로서 슬기로운 생활 교과에서 가르칠 것을 '활동 주제'를 중심으로 개발했고, 사회와 과학 두 교과를 통합하는 제3의 주제를 모색하기 시작했다. 이에 6개의 '기초탐구활동(살펴보기, 무리짓기, 재어 보기, 조사 · 발표하기, 만들기, 놀이하기)'이 슬기로운 생활과 교육과정 개발에서 표면화되었다. 즉, '슬기로운 생활에서 가르칠 주제'를 6개의 기초탐구활동을 중심으로 선정 · 조직했다(교육부, 1997, p.51). 그리고 2007 · 2009 · 2015 개정 슬기로운 생활 교육과정은 주제를 중심으로 구성했다. 기존 교과들을 통합 · 연계 조직하기 위해서는 새로운 기준이 필요한데, 기초탐구활동이나 주제들을 이렇게 사회와 과학을 슬기로운 생활에 통합하는 통합의 실(threads) 역할을 했다(Tyler, 1949; Ward, 1960). 이후 슬기로운 생활 교육과정 개발은 개별 교과의 내용들을 아우르는 보다 포괄적인 피그돈과 울리(Pigdon & Woolley, 1995)가 제안하는 빅 빅쳐(big picture)나 드레이크(Drake, 2004)가 말하는 빅 아이디어(big idea)를 추구하기 시작했다.

이렇게 하나의 교과가 되는 과정을 거쳐 왔지만 여전히 슬기로운 생활이 국어나 수학처럼 독자성을 가진 '교과'인지, 혹은 지금까지처럼 2개 이상의 교과를 통합한 '통합교과'인지, 혹은 통합교과로서 독자적인 학교교과인지 그 여부가 명확하지는 않다(강충열, 2007; 김승호, 1999; 남경희, 2000, 2011; 남경희, 남호엽, 2004; 이환기, 2015; 정광순, 2010).

이에 이 글은 슬기로운 생활이 통합교과로 출발하여, 점점 초등학교교육과정을 구성하는 독자적인 하나의 교과로 인식을 확대해 온 그 과정을 탐구하고자 한다.

먼저, 통합교과로서 슬기로운 생활은 '슬기로운 생활'이 현존하는 교과, 특히 사회나 과학과 어떻게 다른가 하는 질문으로 시작할 것이다. 이 과정에서 슬기로운 생활의 성격, 내용, 방법을 어떻게 이해해 왔는지를 알 수 있을 것이다. 그리고 슬기로운 생활을 독자적인 하나의 학교교과로 설정할 수 있는가 하는 질문을 다룰 것이다. 제5차 슬기로운 생활 교육과정을 개발하면서부터 슬기로운 생활은 기존의 자연, 사회와 어떻게 다른지를 본격적으로 해명하기 시작했고, 이 과정에서 자연, 산수, 사회, 과학으로부터 슬기로운 생활이라는 교과의 성격을 규명하는 데 가장 빈번하게 거론해 온 '기초탐구활동' '탐구활동' '탐구'가 두드러졌다. 이 점에서 슬기로운 생활 교과는 '탐구'의 의미를 규명하는 일이 무엇보다 중요하며, 이를 기반으로 슬기로운 생활과의 내용과 방법과 관련지어 해명할 수 있다는 시론적 논의를 할 수 있을 것이다.

다시 말하면, 이 글은 '슬기로운 생활이라는 교과를 어떻게 보아야 하는가? 즉, 슬기로운 생활은 어떤 성격의 교과인가? 그래서 슬기로운 생활 교과가 추구하는 목표는 무엇인가? 이렇게 교과의 성격, 목표(혹은 지향)에 부합하기 위해서는 무엇을 가르쳐야 하는가?' 하는 질문을 다루었다. 이런 질문에 대한 대답 여부에 따라서 슬기로운 생활 교과에서는 무엇을 가르쳐야 하고, 그것을 어떻게 가르쳐야 하는지에 대한 대답도 다를 것이다.

1. 슬기로운 생활의 변천

1) 슬기로운 생활의 시작

주지하듯이, 슬기로운 생활은 국가교육과정 체제에서 등장했다. 이에 '슬기로운 생활을 어떻게 보아야 하는가?' 하는 질문은 국가교육과정 체제에서 슬기로운 생활과의 등장 과정에 있었던 논의들을 검토해야 답할 수 있다.

제4차 교육과정을 개정하면서 '슬기로운 생활'이라는 교과서가 등장했고, 제5차 교육과정을 개정하면서 슬기로운 생활 교육과정을 개발했다. 그러다가 제7차 교육과정을 개정하면서 (활동)주제를 중심으로 슬기로운 생활 교과에서 가르칠 내용을 개발했다. 하지만 이면에서는 여전히 사회와 과학이 묶여 있다는 인식이 영향을 미쳐 왔다. 그래서 지금도 슬기로운 생활 교과 안에 사회와 과학이 묶여 있다고 상대적으로 생각한다.

이런 인상은 특히 슬기로운 생활 교육과정 및 교과서 내용을 분석하는 연구들에서 확인할 수 있다. 예컨대, 유치원 및 초등학교 3학년 이후의 교과와 연계를 분석한 연구들(김진숙 외, 2013; 박순경, 2009; 이미숙 외, 2014; 이승미, 2010, 2012, 2014; 장명림 외, 2012), 특정 영역이나 내용이 슬기로운 생활에 얼마나 균형 있게 담고 있는지 그 정도를 알아보기 위해서 슬기로운 생활과의 교과서 내용을 분석한 연구들(김상렬, 윤성규, 이갑숙, 1992; 김유희, 이학동, 배광성, 1997; 김재영, 1993; 박재근, 백현정, 2009; 유제순, 2005; 윤은정, 박윤배, 2013; 이혜은, 황해익, 2008; 조영남, 1997)은 이런 인식을 더 유지·강화해 왔다고 볼 수 있다. 이들 연구에서 보듯이 슬기로운 생활은 언제나 사회, 과학 교과에 한정해서 비교·분석되어 왔다. 그리고 해당 교과와의 관련성 여부나 관련 정도를 짚어 내고, 그 결과에 기초해서 3학년 이후 혹은 유치원과 연계되어 있다거나 혹은 연계성이 부족하다는 등의 논의를 해 왔다.

이상의 논의를 종합하여 볼 때 슬기로운 생활이라는 교과를 보는 관점은 대체로 다음과 같이 구분해 볼 수 있다.

하나는, '(a) 사회나 과학 교과교육의 목표와 다르지 않다.'고 보게 한다. 이 입장은 서로 다른 지식이 통합가능한가 하는 식으로 통합의 문제를 인식론의 문제로 보는 입장에서 나온다(박천환, 1989; 유한구, 1988, 1990, 1992). 이질적인 사회와 과학을 통합할 수 있는가 하는 논의는 또 다른 지면을 빌려 엄밀한 논의를 거쳐야 할 문제이지만, '(지식을) 통합하기는 불가능하다.'고 보는 통합의 문제를 인식론의 문제로 보는 입장에서는 슬기로운 생활을 사회나 과학으로 보며, 유치원과 초등학교 3학년 사이에 위치한 초등학교 1, 2학년에게 사회와 과학을 가르치는 교과로 보도록 한다.

다른 하나는, (a)와는 미묘한 차이를 두고 보는 '(b) 사회와 과학을 통합적으로 보게 하는 교과'로 인식하게 한다. 슬기로운 생활을 하나의 교과라고 보려는 것은 교과의 정체성 입장에서는 당연하다. 이에 슬기로운 생활을 사회나 과학과 다르지 않다고 보는 (a)보다 '사회와 과학을 통합적으로 보려는 (b)를 취하는 것이 상대적으로 더 정체적인 접근일 수밖에 없다. 문제는 이런 (b)의 입장에서 보면, 가령, 사회와 과학을 묶은 일종의 광역 형태의 교과로 볼 수도 있고,

사회와 과학 둘 다에 있는 공통 내용을 다루는 교과로 볼 수도 있고, 제3의 것으로 사회도 다루고, 과학도 다루려는 교과로 볼 수도 있다. 따라서 (b)의 입장에서 본 '사회와 과학을 통합적으로 보는 것'이 구체적으로 무엇인지를 다시 규명해야 하는 문제를 그대로 안고 있게 된다.

마지막으로는, 그럼에도 불구하고 '(c) 슬기로운 생활을 고유의 목표를 가진 독자적인 하나의 교과'로 보는 입장이다. 가령, 남경희(2000, 2001), 남경희, 남호엽(2004)처럼 기존의 교과 교육만으로는 초등학교 1, 2학년 학생이 '슬기로운 생활'이 가능한 주체로 성장 해 가는 데 필요한 지식과 능력을 길러 주지 못했고, 따라서 슬기로운 생활은 '슬기로운 사람'이라는 인간 형성을 위해 새로 만든 교과로 본다.

이렇게 볼 때, 슬기로운 생활을 보는 방식은 다음 세 가지로 나눌 수 있다.

(a) 사회나 과학 교과와 다르지 않다.

(b) 사회와 과학을 통합적으로 보는 교과이다.

(c) 하나의 독자적인 교과이다.

각각의 입장에서는 슬기로운 생활에서 가르치는 내용, 즉 슬기로운 생활과 교육과정을 무엇으로 보는가?

(a)의 경우, 슬기로운 생활의 내용은 ① 사회나 과학 내용이며, 사회나 과학 교과 내용의 위계상에서 1, 2학년에 발달 수준에서 학습 가능한 것들을 선정하여 학습 가능한 방식으로 가르치면 된다고 본

다. 이런 관점에서 유한구는 통합교과가 서로 다른 교과를 한데 모아 놓은 것이며, 종전의 교과를 보다 효과적으로 가르치기 위한 방법적 조치라고 규정했다(유한구, 1992, p.554). 박천환(1989)은 슬기로운 생활과 같은 통합교과는 교수학습 차원에서 교사가 2개 이상의 교과를 통합해서 수업을 하는 것으로, 교과를 통합한 형태의 교사의 수업설계 및 실행 역량의 문제로 보았다.[1] 따라서 슬기로운 생활에서 가르치는 것이 사회와 과학 내용과 다르지 않다고 볼 때, 앞서 말한 것에서 짐작할 수 있듯이, 슬기로운 생활을 정체적으로 의식하기는 힘들다.

슬기로운 생활을 '사회, 과학을 통합한 교과'라고 인식하는 (b)의 경우, 슬기로운 생활의 내용이 무엇이고, 그것을 어떻게 조직해서 가르쳐야 하는가 하는 문제는 ② 사회와 과학 모두에 있는, 즉 '공통 내용'을 찾아서 사회와 과학을 왔다 갔다 하는 식으로 연결 및 연계하여 가르치는 것이라고 답할 수 있다. 이 경우 실제로 슬기로운 생활의 내용은 (a)의 경우처럼 사회나 과학 내용과 크게 다르지 않다.

이와는 달리 ③ 사회도 과학도 아닌 제3의 어떤 소재나 주제를 선정해서 그것의 사회적 측면과 과학적 측면을 모두 다룰 수 있다고도

---

1) 통합의 문제를 교수학습(수업) 차원에서 교사가 해야 할 일로 미루기만 하는 것도 한계가 있다. 왜냐하면 우리나라 교사 대부분이 교과교육과정에서 제시하는 교과에서 가르쳐야 할 것으로서 '성취기준'을 가지고 학생에게 맞추어 교과를 통합한 수업을 설계하여 실행하는 데 자유롭지 않기 때문이다. 따라서 교과를 통합한 통합수업을 설계하여 실행한다는 것이 거의 불가능한 현장을 그대로 방치하는 것이기도 하기 때문이다. 따라서 교사에게 국가수준에서 국가교육과정 혹은 교과서와 같은 교육과정 자료 차원에서 기존의 교과들을 통합한 '교과서'를 만들어 주어서라도 교과 분과 수업과 교과 통합 수업에 대응할 수 있도록 도와줄 필요가 있다. 이런 일을 언제까지 할 것인가 하는 문제는 우리나라 초등학교 저학년 교사들의 교과 분과형이든 교과 통합형이든 성취기준에 기반하여 학생에게 최적화된 스스로의 수업을 만들어서 할 수 있는 역량이 갖추어질 때까지가 될 것이다.

볼 수 있다. 이 경우에는 사회, 과학 두 교과를 동시에 다룰 수 있는 제3의 소재나 주제를 슬기로운 생활 교육과정으로 선정ㆍ조직할 것이다.

슬기로운 생활을 하나의 독자적인 새로운 교과로 보고, 슬기로운 생활만의 목표를 설정하고자 하는(가령, 슬기로운 생활이 가능한 주체로 성장하게 한다) (c)의 관점에서 볼 때, ④ 학생이 슬기로운 생활이 가능한 주체로 성장하는 데 필요한 지식과 능력이 무엇인지를 밝혀서 그것을 슬기로운 생활과 교육과정으로 개발해야 한다.

다시 말하지만, 슬기로운 생활을 하나의 학교교과로 규정하고자 한다면 (a)의 관점에서 ①이나 ②로 보는 것은 교과 정체성 측면에서 당연히 받아들이기 어렵다(당위성 및 당위론의 입장). 그렇다면 최소한 슬기로운 생활 교과는 (b)의 관점에서 ③과 ④로 보아야 그 정체성을 손상시키지 않으면서 받아들일 수 있다.

이에 국가교육과정 체제에서 슬기로운 생활에서 가르쳐야 할 것은 다음과 같이 변해 왔음을 알 수 있다.

① 사회와 과학의 내용

② 사회와 과학 모두에 있는 '공통 내용'

③ 사회와 과학 혹은 사회적 측면과 과학적 측면을 모두 다룰 수 있는 제3의 소재나 주제

④ 슬기로운 생활이 가능한 주체로 성장하는 데 필요한 지식과 능력

2) 범교과로서 슬기로운 생활

기존의 선행연구는 특히 ②와 ③을 통칭해서 슬기로운 생활의 성격을 사회와 과학을 아우르는 '범교과'로 주로 논의해 왔다.

> 통합교과로서 교과의 성격은 전통적으로 구분하고 있는 교과목의 어느 한 교과에만 관련된 내용이라기보다는 범교과적인 성격을 가지고 있다. 기존의 교과와 관련 정도를 보면 슬기로운 생활 교과는 자연과 교과와 가장 밀접한 관계가 있으며 …… (권치순, 조록형, 1991, p.67).

사회와 과학을 아우르는 범교과적인 내용은 당연히 상대적으로 학교에서는 더 중요하게 다루어야 한다. 하지만 실제로는 사회에도 해당하고 과학에도 해당하기 때문에 그 내용은 사회에도, 과학에도 담기지 않는다. 교육과정을 교과로 구분하면서 각 교과는 적확하게 자기 교과인 내용만 담으려 하기 때문이다. 즉, 두 교과에 모두 해당하는 것이 학교 수업에서 더 활용도가 높고, 그래서 학교교육에서 더 많이 다루어야 하는 것이지만, 교과가 아니거나 다른 교과에도 해당하는 것이기 때문에 오히려 자기 교과에 담지 않으려고 한다. 즉, 범교과적인 것들은 오히려 교과로부터 소외받아 왔다.[2]

이런 측면에서 추후에는 통합교과로서 슬기로운 생활은 여러 교과에 걸쳐 있어 오히려 소외당해 온 내용들을 수용할 수 있는 교과

---

2) 이에 잭슨(Jackson, 1968)의 연구가 교육과정 분야에 던진 '잠재적 교육과정'에 대한 담론만큼이나, 아이즈너(Eisner, 1979)가 제도화라는 학교교육의 특성, 나아가서 교육과정을 사전에 교과를 경계로 선정하여 조직하는 형태로 인해서 교과적인 것만 교육과정이 되는 한계를 지적하면서 교육에서 중요한데 가르치는 것을 교과로 구성해야 해서 누락되는 내용에 주목하면서 '영 교육과정(null curriculum)'에 대한 논의를 불러일으켰음을 상기해 볼 수 있다.

로서 그 특성을 모색해 볼 수도 있다.

아무튼 '범교과적인 것 혹은 교과들을 아우르는 것이 도대체 무엇인가?'라고 좀 더 구체적으로 질문하면, 이 문제는 다시 ② 사회와 과학 모두에 있는 공통의 것 혹은 ③처럼 사회나 과학 밖에 있는 제3의 소재나 주제로 사회적 측면과 과학적 측면을 모두 다룰 수 있는 것이라는 답으로 회귀한다. 앞서 언급하였듯이 ②의 입장은 결국 사회나 과학인 것이 되기 때문에 슬기로운 생활을 정체적으로 인식하기 어렵다. 결국 '슬기로운 생활이 어떤 역할을 하는가?'라는 질문에 슬기로운 생활이 하는 역할을 사회나 과학 교과교육과 다르지 않거나 다르다고 해도 사회나 과학 교과교육을 위한 기초나 기반 형성을 위한 교과, 예비 및 준비를 위한 역할에 천착할 수밖에 없다. 한 교과가 후속하는 단계에서 할 교과교육의 기반이 되고 준비가 되는 것이 어쩔 수 없이 따르는 역할일 수는 있지만, 특정 교과가 이 역할을 자신의 궁극적인 목적으로 삼기에는 교과의 정체적 입장에서는 받아들이기 어렵다.

그렇다면 적어도 ③의 입장이나 ④의 입장에서 슬기로운 생활과 교육과정이라고 할 만한 것을 찾아야 할 것이다.

3) 슬기로운 생활의 정체성

먼저 ③의 입장에서 즉, 사회나 과학 외의 별도의 제3의 소재로 볼 수 있는 것이 아마도 제7차 교육과정 개발에서 도입한 기초탐구활동(살펴보기, 무리 짓기, 재어보기, 조사·발표하기, 만들기, 놀이하기)이라고 생각해 보자. 이후 2007·2009·2015 개정 슬기로운 생활은 탐구활동 중심 교과로서 성격을 꾸준히 규정해 왔다.

- 슬기로운 생활의 편제상 특성은 초등 1, 2학년에만 있는 것이고, 내용상 특성은 기초탐구활동을 주요내용으로 하는 교과이다(박재근, 백현정, 2009, p.56).

- 슬기로운 생활과의 활동은 단순한 수단이나 방법이 아니다. …… 활동 자체가 목표이고 내용이자 방법이라고 할 수 있다. ……이에 슬기로운 생활과의 내용체계는 2차원으로, 하나는 기초탐구활동이고, 다른 하나는 영역이다. 내용을 이렇게 2차원으로 구성하는 것은 아동들이 이 2가지 차원을 모두 만족시켜야 한다는 의미이다 (남경희, 2000, pp.156-159).

가령, 슬기로운 생활에서는 여러 교과에 걸쳐 있는 '발표하기'라는 탐구학습 기능(study skills)을 학생들이 획득하도록 하는 교과이며, 이 탐구학습 기능을 연마하기 위해서 사회 내용이나 과학 내용을 활용하는 것이다.

또 제3의 주제로 볼 수 있는 것은 2007 개정 슬기로운 생활과 교육과정에서부터 도입한 교육과정 주제들(몸, 봄, 여름, 가족, 가을, 겨울, 커 가는 내 모습, 집, 마을, 하루, 가게 놀이, 한 해)(교육인적자원부, 2007, p.56)이 그 예가 될 것이다(김승호, 1999; 남경희, 2000, 2011; 남경희, 남호엽, 2004; 노철현, 2011; 정광순, 2010). 이런 제3의 주제를 중심으로 하는 교육과정 개발 방식도 후속한 2009·2015 개정 교육과정에서도 유지되었다. 2009 개정 슬기로운 생활 교육과정에서는 초등학교 1, 2학년 학생의 생활 경험 세계를 시·공으로 엮어 내는

8개의 주제(공간 주제: 학교와 나, 가족, 이웃, 우리나라, 시간 주제: 봄, 여름, 가을, 겨울)를 중심으로 학생들이 주변의 삶을 탐구하고 알아가는 과정에서 다룰 내용들을 개발했다(교육과학기술부, 2011, p.39). 사회 및 자연환경을 아우르는 개념으로 '주변'을 설정하고, 슬기로운 생활에서 가르칠 것을 학생들 주변의 여러 가지 모습, 관계, 변화의 세 가지로 범주화했다. 주지하듯이 슬기로운 생활에서 다루는 주변의 모습이란 학생들이 자신의 생활 중 경험하는 세계에서 만나는 여러 가지 모습 자체로, 집, 학교, 마을 등의 장소, 그런 장소에서 만나는 사람들, 하는 일, 주변에 있는 동·식물, 물, 흙, 공기, 빛, 건물 등이다. 이런 주변의 모습이 나와 어떤 관계에 있는지를 다룰 뿐만 아니라 상황적, 문화적 맥락을 접하면서 전후, 상관, 인과 관계와 생활 및 환경과의 관계를 조망한다. 그리고 주변이 여러 가지 이유에서 성장하고 바뀌는 것을 조망할 수 있는 기회를 제공한다. 이를 통해서 학생이 자신의 주변에 관심을 가지고, 자신의 주변을 더 잘 이해하도록 하였다. 이런 측면에서 이환기(2015)도 슬기로운 생활을 일상생활 경험의 확장과 더불어 3학년에서 시작하는 사회와 과학을 연결하는 교과로 논의함으로써 슬기로운 생활을 정체적으로 인식하고자 하였다.

가령, '봄'이라는 주제로 사회나 과학을 다루거나 봄의 사회적 측면과 과학적 측면을 다룰 수 있다. 슬기로운 생활에서는 봄을 표면에 두고, 사회 및 과학의 내용을 도구로 삼을 수 있다. 때문에 여러 교과에 걸쳐 있는 제3의 소재나 주제들은 슬기로운 생활이라는 교과를 다른 교과와 구분하면서 연계할 수 있다는 인식을 심어 주기 때문에 슬기로운 생활을 정체적으로 인식할 수 있게 해 준다.

그리고 가장 최근의 2015 개정 교육과정에서는 학교와 나 → 학교로, 이웃 → 마을로, 우리나라 → 나라로 조정하면서 슬기로운 생활에서 가르칠 것을 성취기준에 담아냈다(교육부, 2015, pp. 48-49).

그렇다고 하더라도 실제로 이런 구체적인 것들을 선정하고 조직해야 하는 슬기로운 생활 교육과정을 개정할 때는 슬기로운 생활과 사회나 과학의 우선권에 대한 갈등과 논쟁 가능성이 늘 있었다. 슬기로운 생활 교과 입장에서는 사회와 과학과의 차별화에, 사회나 과학 교과 입장에서는 슬기로운 생활을 3학년 이후 사회나 과학 교육의 준비 및 예비로 보려 하기 때문에 이들의 입장에서는 늘 슬기로운 생활을 [독립 교과 vs 사회나 과학 교과]로 보려는 입장 차이가 첨예할 수밖에 없다.

가령, 사회는 슬기로운 생활의 내용을 사회 교과의 내용이라고 본다. 다만 슬기로운 생활에서는 과정이나 활동 중심이라는 점, 자신과 관련지어서 다룬다는 식으로 사회와 슬기로운 생활을 미묘하게 구분하는 방식을 취한다.

- 슬기로운 생활은 지식보다 탐구 과정을 더 강조한다(김효남, 노금자, 김화숙, 1996, p. 149).
- 사회과에서는 '상점에서 일하는 사람들'을 학습할 때 상점 주인이 물건을 팔기 위해 하는 궁리를 객관적으로 이해하는 것을 목표로 한다. ……사회과에서는 살 물건을 조사하기도 하고, 물건을 팔기 위해 어떤 노력을 하는가 하는 문제를 제기한다. ……그러나 슬기

로운 생활에서는 …… '자신은 어떤 물건을 사면 좋을까?(활동모습)' '가게에서 일하는 사람은 자신에게 어떻게 대해 주었는가?(자신과의 관련 방식)' '물건을 살 때 어떤 기분이었나(자신의 기분)' 등 자신과 관련하여 학습한다(남경희, 2000, p.159).

이렇게 사회과와 미묘하게 구분하여 두 교과를 차별화한다고 해서 슬기로운 생활이 독자적인 하나의 교과가 되는 것은 아니다.

이에 이 분야 연구자들은 슬기로운 생활을 새로운 독자적인 하나의 교과로 보는 노력들을 계속해 왔다. 즉, 슬기로운 생활은 초등학교 교육과정을 구성하는 하나의 독자적인 교과로서 목적 및 목표를 설정하고, 그에 맞는 내용을 개발하여 가르치는 독자적인 교과로서 정체성을 조금 더 적극적으로 추구하기 시작했다.

슬기로운 생활을 하나의 독자적인 교과로 인식하려면 여타의 교과처럼 슬기로운 생활도 학교교육에서 어떤 역할을 감당해야 한다. 다른 교과와 구별할 수 있는 슬기로운 생활의 성격, 목표, 내용, 방법이 있음을 어느 정도 해명해야 한다.

국가교육과정 체제에서 이런 인식은 제6차 교육과정을 개정하면서부터 이미 시작해서 그동안 꾸준히 확장·논의해 왔다(김정호, 1998; 남경희, 남호엽, 2004; 정병훈, 2001).

- 슬기로운 생활은 수학과 과학, 사회와 과학과 같은 교과 간 통합이 아니라, …… 아동이 슬기롭게 살아가는 데 도움이 되는 것이면, 어느 교과 내용이든지 구별하지 않고 모두 도입하는 교과이다(김정호, 1998, p.37).

- 슬기로운 생활과는 '슬기로운 마음의 형성'을 위한 교과이다. 이런 교육 인간상을 표방하고, 인간상을 기초로 기존의 교과와는 다른 내용과 방법을 구성하는 제3의 교과이다(남경희, 남호엽, 2004, p.54-58).

이에 사회나 과학에서 슬기로운 생활에 관여한 학자들을 중심으로 슬기로운 생활을 '슬기로운 마음 형성' '슬기로운 사람을 기르는 교과' '슬기롭게 살아가도록 돕는 교과'로 설명하기 시작했다(남경희, 2000, 2001; 남경희, 남호엽, 2004).

이들은 모두 사회와 슬기로운 생활을 서로 대립적인 인식론적 '관계'를 매개로 서로 구분하고자 했다.

① 경험적으로 아는 것 vs 이성적으로 아는 것

② 주관적인 지식 vs 객관적인 지식

③ 앎에 있어서 능동성 vs 수동성

④ 감성 vs 지성

슬기로운 생활은 이런 대립하는 인식론을 해결하는 형태로 …… 즉 '관계'를 중심으로 해결한다. …… 첫째, 학생의 자신과 어떤 관계가 있다는 것을 알면 대상에 대한 관심과 의욕을 가지게 된다. 둘째, 확실하지는 않지만, 있음직하다, 있을 것 같다고 지각하는 것이 관계를 의식하는 것이다. 셋째, 주변을 조사하고, 생각하고, 체험하는 동안 지금까지 보이지 않던 관계들이 보인다(남경희, 2011, p.22; 齊藤 勉, 1990, p.24).

이에 사회와는 달리 슬기로운 생활은 '관계'를 의식할 수 있는 '경

험' '체험' '활동'을 통해서 '지적인 깨달음'을 추구하는 교과로서 정체
성이 있음을 설명해 왔다.

- 슬기로운 생활은 지금까지 목표-내용-방법으로 전개하던 목표를
  우선시하던 교과와는 달리, 내용-방법-목표로 전개하는 활동을 우
  선시 하는 교과이다(남경희, 2001, p. 25).
- 활동은 스스로 목표를 결정하고 이런 자기 목표를 정할 때 활동을
  시작한다.…… 슬기로운 생활 학습에서는 활동 그 자체를 개개의
  아동에게 맡기는 것이다. 예를 들면, 1학년 1학기 '봄 나들이' 단원
  에서 A는 공원 놀이터에서 충분히 놀고 싶어 하고, B는 모래밭에서
  모래 산이나 모래 터널을 만들고 싶어 하고, C는 풀 속의 곤충을 잡
  고 싶어 한다. 이처럼 학생마다 목표가 있고, 각 목표는 각 학생의
  자발적인 의사로 정해진다. 만일 자발적인 의사로 목표가 설정되지
  않으면 아동의 활동 의욕이나 흥미가 감소할 것이다. ……이를 위해
  서 수업은 공동 활동(봄나들이하기)을 정하고, → 학생은 각자 흥미와
  관심, 경험에 따라 학습 과제를 선택하고(놀이터, 모래, 곤충 등), → 각
  자가 선택한 학습을 그룹 혹은 개별 학습하고, → 서로 교류하거나
  정리하는 전개 방식이어야 할 것이다(남경희, 2000, pp. 163-188).

이런 설명대로라면, 슬기로운 생활은 관찰, 견학 등 다양한 활동
을 통해서 직접 경험해 보는 활동을 중심으로 해야 한다. 경험이나
활동을 중시한다는 것은 개념을 이해하고 그 개념을 사용해야 한다
는 것이 아니라, 경험과 활동 중에 개념을 인식하거나 발견하고 획
득한다는 의미다. 놀이처럼 활동 자체에 학습의 의미를 두는 입장

이다. 또 프링(Pring, 1973)이 지식의 형식들이 상호 관련을 맺을 수 있는 경우로 제시한 네 가지, (① A가 B를 정의하는 경우, ② A가 B를 파악하는 수단이 되는 경우, ③ A가 B의 증거가 되는 경우, ④ A가 B의 필요조건이 되는 경우) 중 슬기로운 생활이 사회과의 수단-증거-필요조건이 된다는 것을 해명함으로써 슬기로운 생활이 하나의 교과로서 위치와 위상을 파악한다.

이 관점 역시 슬기로운 생활과 사회를 구분하기 위해서 미묘한 간극을 간과해야 하는 난제가 여전히 존재한다. 이런 맥락에서 슬기로운 생활과의 독자성을 이와 같은 선행연구의 연장선상에서가 아니라 전혀 다른 관점에서 접근해 볼 필요가 있다.

2. 슬기로운 생활의 성격으로서의 '탐구'

앞 장의 탐색결과, 슬기로운 생활에 대한 지금까지의 논의는 늘 사회나 과학 교과와 긴밀한 관계 아래로 혹은 이들 교과와의 차별화하려는 논의로 대별할 수 있다. 이런 점에서 이 두 방향의 논의가 가진 난점은 둘 다 슬기로운 생활을 하나의 독자적인 교과로 인식하게 하기 힘들다는 점이다.

이 장에서는 슬기로운 생활에서 가르치는 것을 사회나 과학을 전제로 해 온 경계를 넘어서서 논의해 보고자 한다. 이런 점에서 슬기로운 생활을 '탐구' 교과로 상정해 볼 수 있다. 기존의 선행연구들이 지적한 것처럼 기초탐구활동을 통해서 가르치고자 하는 것이 학습

기술이라면, 학생이 특정한 학습 기술을 획득하기 위해서 기존 교과 내용을 도구로 사용할 수 있으며, 이때 사회나 과학 교과 내용으로 한정할 필요가 없기 때문이다. 특히 이 장에서는 슬기로운 생활을 탐구활동을 중심으로 하는 교과라고 보려면 '탐구'의 의미에서부터 해명해 볼 필요가 있다. 이런 맥락에서 본 장에서는 플라톤, 칸트와 헤겔의 탐구(inquiry)에 대한 의미를 해석한 블라코비치(Blachowicz, 1998)의 논의를 검토하면서 슬기로운 생활 교과에서 무엇을 어떻게 가르쳐야 하는지를 시론적인 차원에서 논의해 보고자 한다.

1) 플라톤의 탐구

블라코비치(1998)는 '메논의 패러독스(The paradox of the Meno)'를 이해하는 것이 플라톤이 탐구를 어떻게 이해하는지를 아는 데 매우 중요하다고 보았다. 『메논』에 나오는 패러독스는 소크라테스와의 대화에서 가장 일반적인 명제인 '아는 것(knowing)이 곧 모르는 것(not knowing)'이라는 것을 알아차리는 것이다.

가령, '정의'를 놓고 보자.

어떤 사람이 A라는 행위를 정의라고 생각하고 행동하면, A와는 다르게 보이는 또 다른 정의 혹은 정의로운 행위를 만나면, 이 다른 정의를 정의가 아니라고 생각하게 된다. 그는 이미 A를 정의라고 생각하기 때문이다. 소크라테스의 대화 상대자는 소크라테스와 대화하면서 소크라테스의 논박을 받으면서 자신이 정의로운 행위라고 생각한 것이 불의한 것이 될 수도 있다는 상황을 인정할 수밖에 없게 된다. 사실 이 순간이 소크라테스의 대화 상대자가 자신이 사실상 정의에 대해서 모르고 있다는 사실을 자각하는 순간이다. 이 것이 '아는 것이 곧 모르는 것임을 스스로 의식하는 순간'이며, 이 상 태가 아포리아(aporia)[3] 상태이다.

플라톤은 이런 아포리아 상태가 '변하지 않는 진리를 찾아보고자 하는 마음'을 수반한다고 보았다. 아포리아 상태가 수반하고 있는 '변하지 않는 진리를 찾아보고자 하는 마음'이 무엇인가 하면, 변하 지 않는 진리라는 것이 있는 것이 아니라, 변하지 않는 진리를 찾아 보려는 마음, 바로 그것을 가리킨다. 다시 말하면, 아포리아나 패러 독스 상태 자체를 유지하려는 마음, 기꺼이 이런 상태로 머물려는 태도, 머물려는 마음이다. 대화 상대자가 모순을 느낄 때(경험적 마 음), 마음은 진리의 다른 형식을 찾아보려는 태도(철학적 마음)를 갖 게 한다. 따라서 플라톤의 해결책이란 아포리아(패러독스)에 빠지는 것과 아포리아 상태를 유지하려는 태도를 갖는 것으로 나아가는 것 이다. 아포리아(패러독스)에 빠지는 것이 경험적 마음이라면, 아포 리아에 머물려는 태도는 철학적 마음이다.

이런 관점에서 만약 플라톤에게 '교육이란 무엇인가?' 혹은 '교육활 동이라는 것이 무엇인가?' 하고 묻는다면, 플라톤은 '경험적 마음과 철학적 마음을 형성하는 것'이라고 답할 것이다. 다시 말해서 학생의 마음이 무지(모름)에서 지(앎)로 나아가는 것이라고 설명할 것이다.

---

3) 아포리아는 원래 항해술에서 배가 난관에 부딪혀 더 이상 나아갈 수 없는 상태를 가리키는 용어이다. 자신이 옳다고 생각했던 관념이나 생각이 부정될 때, 겪게 되는 '헤어날 수 없는' 난점, 당혹감, 마비 상태, 무지를 의식하는 상태를 나타낸다.

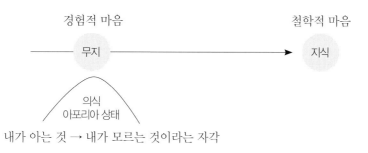

[그림 3-1] 플라톤의 관점에서 본 교육(활동)

먼저 학습자는 교육활동 중에 자신이 알고 있다고 생각한 것(세계)이 정작은 모르고 있는 상태임을 감지한다. 즉, 내가 아는 것이 정작은 내가 모르는 것임을 의식하는 무지의 상태이다. 이는 학생이 지식을 획득하지 못한 상태라기보다는 내가 안다고 믿었던 지식이 정말로는 지식이 아니더라는 것을 자각하고 무한한 지적인 세계로 들어오는 상태이다.

경험적 마음이 파악하는 '정의'는 특정 행위, 제도, 법률과 동일시하는 경험할 수 있는 정의이다. 이런 정의는 경험적 마음에 의하여 파악하는 것으로 언제 어느 때에 불의로 바뀔지 모르는 정의이다. 그래서 진정한 정의를 찾고자 해야 한다. 진정한 정의란 A와는 다른 별도로 있는 것이 아니라 변하지 않는 정의를 찾으려는 마음을 형성하는 것이다. 이런 변하지 않는 진리로서 정의는 '실제로 A다.' 하는 식으로 찾아지는 것이 아니다. 삶 전체를 통해서 계속 찾는 것, 그 자체이다. 즉, 포기하지 않고 '찾음'을 유지하려는 마음이다.

플라톤은 이런 사람을 길러 내는 것을 교육(활동)으로 본다. 이를 위해서는 상대와 대화하면서 자신이 정작은 정의를 모른다는 사실을 자각하고(경험적 마음을 경험하고), 스스로 탐구를 계속해야 한다. 그래서 중국에는 철학적 마음을 상대에게 심어 주는 것이다. 학습자가 절대 정의를 탐구하는 삶 자체를 살고자 하는 삶의 양식을 획득하도록 해 주는 것이 교육이다.

블라코비치(1998)는 플라톤이 아포리아를 경험적 마음이 철학적 마음에 조회되고 철학적 마음이 경험적 마음을 포섭하는 상태로 이 패러독스를 해결했다고 보았다. 플라톤에게 교육이란 이런 마음과 마음이 접촉하는 것이다. 탐구란 이런 마음과 마음의 접촉을 발견하는 것이다. 따라서 교육활동은 이런 '무지라는 인식'을 이끌어 내는 활동이며, 이것이 플라톤의 탐구이다. 또 진리를 추구하는 활동이며, 즉, 무지를 인식하는 상태를 기꺼이 유지하려는 태도, 이것이 플라톤의 탐구이다.

오늘날 사람들이 교육을 바라보는 통념처럼 교육을 통해서 얻고자 하는 것이 '지식'이라고 한다면, 플라톤에게 '지식이란 무엇인가?'라고 질문한다면, 플라톤은 학생을 '아포리아 상태에 빠지게 하는 경험을 시키고(경험적 마음을 형성하는 일), 아포리아에 머물려는 태도를 갖도록 하는 것(철학적 마음을 형성하는 것)'이라고 답할 것이다. 다시 말하면, 탐구 교과로서 슬기로운 생활에서 학생이 얻어야 하는 궁극적인 것은 바로 이런 자각과 태도일 것이다.

슬기로운 생활 교과의 성격을 '탐구활동'을 중심으로 하는 교과라고 규정한다면, 슬기로운 생활 교과에서 가르치고자 하는 내용도 플라톤이 말하는 이런 '탐구'이며, '탐구'를 가르치는 방식은 학생이 알고 있다고 하는 것에 대한 '대화'로 시작할 수 있다.[4] 왜냐하면 플라톤의 탐구는 소크라테스(교사)와의 대화에 참여해서 학생이 '아는 것이 곧 모르는 것'이라는 것을 의식하게 하는 것이고, 이런 탐구 상태에 기꺼이 머물려는 사람으로 살도록 하는 것이기 때문이다.

2) 칸트와 헤겔의 탐구

칸트와 헤겔은 둘 다 '심리학으로부터의 논리'와 '인식론으로부터의 논리'를 구분하는 문제를 해결하고자 노력했다(Blachowicz, 1998, p.309). 심리학으로부터의 논리는 대개 행동에 기반을 두기 때문에 행동에서 출발하며, 시간이나 절차를 기준으로 하는 논리의 길을 만든다. 이에 경험-실증적 접근은 귀납의 길로 보이는 경향이 있다. 반면, 인식론으로부터의 논리는 선험에 기반을 두기 때문에 선험에서 출발하여 논증과 추론을 하는 논리의 길을 만든다. 이에 이 길은 연역의 길로 보이는 경향이 있다. 두 길은 이원론적으로 보이지만, 서로 그 출발과 도착이 다른 역방향의 논리로 진행한다.

> 탐구(inquiry)란 경험주의의 방식으로 설명하는 것이라기보다는(물론 칸트는 귀납적인 설명은 출발점이 될 수는 있다고 보지만), 추론이자 연역이다.…… 발견(discovery)과 변증(dialectical logics), 이 둘은 서로 다른 철학을 기반으로 하고 있는, 서로 다른 이론이다. 그러나 둘 다 '추론'을 기반으로 한다는 동일한 인식론을 가지고 있다(Blachowicz, 1998, p.299).

---

4) 플라톤은 소크라테스와의 대화나 소크라테스 식의 대화를 교육방법으로 간주하는 것이라기보다는 교육 자체로 본다(Blachowicz, 1998, pp.257-260). 플라톤에게 대화란 마음(경험적 마음)과 마음(철학적 마음)의 접촉을 드러내는 것이기 때문에 교육, 교육내용, 교육방법이 실제로 서로 구분되는 것이라기보다는 실상은 이들이 서로 개념적으로 구분되는 것일 뿐이다.

이에 칸트는 피터즈(Peters, 1966)가 이성의 궁전에 들어가기 위해서는 반드시 습관의 마당을 지나야 한다고 말한 것처럼, '사유'는 '감각'에 의존한다고 보았다(Blachowicz, 1998, p. 305). '새의 비행은 공기의 도움을 받는 것처럼 경험에 의지해서 추론으로 가는 논리의 길을 만든다고 보았다.

> 논리는 쉽다. 왜냐하면 논리는 우리가 하는 사고와 친숙한 형태이고, 그런 용어를 쓰기 때문이다. 이것은 우리가 이미 논리적 형식에 익숙하다는 뜻이다. 이런 의미에서 논리는 '재구성(reconstruction)'이다. 우리가 자연에서 자료를 찾아 자연에서 구성하고 있는 것과는 다른 모습으로 다시 구성하는 것이다(Blachowicz, 1998, p. 275).

감성은 사유할 수 없고, 지성은 직관할 수 없다. 즉, 인식하려면 직관을 필요로 하는데, 직관을 통해서 대상이 들어올 뿐만 아니라(경험적 통각), 여기에는 지성이 작용하기도 한다(순수 통각). 그래서 '나는 사고한다.'라고 표현할 수 있는 것이다. 감성을 통해서 대상을 인식하는 행위에는 이 둘을 종합하는 행위가 필요한데, '자의식'은 이런 경험에 선행하는 순수한 것이다. 따라서 칸트에게 자의식은 경험적인 것이면서 순수한 것이다. 감성에 의거하는 지성의 기능을 하는 자의식을 칸트는 순수이성[5]으로 보았다. 그리고 블라코비치(1988)는 칸트의 이 순수이성(perfecting cognition)을 탐구로 보았다.

이런 맥락에서 슬기로운 생활에서 하는 '기초탐구활동', 즉 탐구활동의 기초가 무엇인가의 문제를 해명해 볼 수 있다.

---

[5] 칸트는 지성의 기능과 한계를 '순수이성비판'의 '초월적 연역'에서 다루고 있다.

칸트의 입장에서 사유는 감각의 도움을 받아야 하는 것이기에, 기초탐구활동을 사유를 돕는 '감각'을 형성하는 일로 비친다. 감각은 대상(물질, 현상 등)을 상대로 감각을 사용함으로써 획득한다는 점에서 슬기로운 생활에서는 학생이 자신의 삶에서 감각 가능한 것들을 대상으로 관찰하고, 무리 짓는 등의 활동을 직접 해 보도록 해 주어야 한다.

이런 의미에서 슬기로운 생활에서 가르쳐야 할 것은 무엇인가? 이 질문에 대한 답은 이런 감각들이라고 답할 수 있다. 주변에 대한 감각을 형성하고, 이를 기초로 사회적·과학적 사유를 하도록 하는 것이다. 그래서 슬기로운 생활은 학생이 주변을 직접 경험하고 체험하는 방식으로 가르쳐야 한다고 할 수 있다.

헤겔의 논증은 칸트처럼 경험(실증)을 기반으로 해서 사유가 일어난다고 하기보다, 사유 자체가 가진 형태, 즉 논리(가령, 정반합처럼) 자체를 지식으로 보았다. 이런 점에서 블라코비치(1998, p. 300)는 헤겔의 논증을 논리를 교정해 가는 논리(변증의 논리: logic of correction)라고 하였다.

헤겔의 사유는 우리가 아는 사유방식(흔히 상식적으로 혹은 통상적이라고 여기는 통념)을 버리는 일로부터 시작한다.

가령, '식량이 무엇인가?'라는 질문을 해 보자.

칸트식이라면, 학생은 자신의 경험세계(실제)에서 식량이라고 생각하는 것들을 '찾을' 것이다. 그리고 각 학생들이 찾은 그것이 식량인지 아닌지를 '생각'할 것이다. 그리고 식량이란 몸에 영양을 제공하는 것, 생명을 해하지 않는 것 등의 준거를 발견할 것이다. 즉, 몸에 필요한 영양을 제공하며, 생명을 앗아가지 않는 것이 식량이라는 결론에 도달할 것이다.

헤겔식이라면, '식량이 무엇인가'라는 질문보다는 '무엇이 식량인가?' 라는 질문이 더 맞다. 학생은 식량이라고 생각하는 것들을 자신의 삶의 세계에서 접하는 사례로 가져올 것이다. 칸트처럼 그것이 식량인지 식량이 아닌지도 검토할 것이다. 그러다가 '개고기는 식량인가?' 하는 의문을 가질 것이다. 개고기는 미국인에게는 보편적인 식량이라고 보기는 힘들지만, 한국인에게는 식량일 수도 있다. 여기서는 '식량이다.' 혹은 '식량이 아니다.'를 구분하는 데 '문화'라는 관점이 들어온다. 이렇듯 헤겔에게 탐구는 '개념=존재'가 일치하기도 하지만, 일치하지 않기도 한다.

사유방식이라는 점에서 칸트식이라면, 귀납적 사고가 출발점이 될 수 있다. 즉, 실제에서 사례를 찾아 결론에 도달하기 때문이다. 이런 점에서 슬기로운 생활과의 내용은 식량과 같이 학생들이 경험이나 체험으로 감각할 수 있는 것이어야 하며, 이를 사회적으로, 과학적으로 다룰 수 있는 것이어야 한다. 헤겔식으로 보면 슬기로운 생활에서 가르쳐야 할 것은 '식량'이라는 개념이라기보다는 식량이라는 '존재', 식량이라고 하는 것 자체를 탐구하도록 해야 한다.

자연 철학에서는 개념과 존재가 일치하지만, 타 분야에서 개념은 다른 존재일 수도 있다. 개념과 존재의 이런 구분은 표현된 것과 표현하려는 것 사이의 구분과 유사하다. 만약 표현한 것이 표현하려고 의도한 것과 일치하지 않으면 표현한 것을 교정해야 한다. …… 존재는 개념적으로 파악되는 것이 아니기 때문이다(Blachowicz, 1998, pp.307-308).

블라코비치(1998)는 헤겔의 논증을 개념적으로 파악한 것을 교정하는 추론으로 보았고, 탐구는 이 논증의 과정에서 일어난다고 보았다.[6]

사고는 사고 자체로부터 연역해야 하며, 현상은 현상 자체의 법칙으로 검토해야 한다. 우리는 사고를 외부의 자료로부터 추정하지 않으며, 논리를 정의하거나 논리의 가치와 권위를 과시하지도 않는다. 만약 우리가 그렇게 하려고 했다면, 관찰과 경험에서 시작했을 것이고, 정의했을 것이다. 그리고 이 정의를 교정해야 할 것이다. 사고-형식은 사고 자체를 따르기 때문이다. 이런 점에서 로젠(Rosen, 1982)은 헤겔의 논증을 주어진 자료에 의존하는 발견이나 설명의 논리적 변형(transformative)이라기보다는 발생적(generative)이라고 하였다(Blachowicz, 1998, p.306).

헤겔의 논증 관점에서 볼 때, 슬기로운 생활과의 기초탐구활동에서 '기초탐구'는 무엇인가? 탐구에 기초라는 것이 있는 것인가? 탐구의 기초가 되는 것이라면, 헤겔에게는 정반합이라는 사유방식일 것이다. 정반합의 사유의 형식을 습득하는 것은 탐구의 기초이면서 또 결과이기도 하다. 즉, 이것은 슬기로운 생활 교과에서 가르칠 내용으로 볼 수 있다.

블라코비치(1998, p.299)는 플라톤, 칸트, 헤겔의 탐구의 의미를

---

6) 이런 관점에서 포퍼(Popper, 1940)는 헤겔을 실증적 증명의 역할을 제대로 평가하지 못했다고 평가했다. 그러나 블라코비치(Blachowicz, 1998)는 헤겔의 사유가 연역적이며(모든 추론은 연역적이다), 그래서 새로운 지식을 발견하거나 새로운 설명을 추론하는 확장적인 것이라고 평가한다.

기초로 '탐구란 무엇인가?'라고 질문했다.

탐구란 심리학적 개념으로는 직관, 통찰이며, 철학적 개념으로는 발견이다. 즉, 탐구는 경험과 사고를 모두 거치는 것이다. 그래서 학생이 어떤 것을 지금 현재보다 좀 더 과학적, 체계적, 논리적으로 접근하고, 조사하고, 설명할 수 있게 되는 것이며, 본질적으로 사람마다 다른 것일 수도 있다(Blachowicz, 1998, p.1).

탐구를 플라톤은 소크라테스의 대화를 통해 대화 상대자를 아포리아에 빠지게 하여, 결국에는 진리를 찾고자 하는 마음을 형성하게 하는 것이라고 했다. 또 칸트는 학생의 경험세계에서 감각 가능한 것을 찾아서 검토하는 과정이라고 답하며, 헤겔은 개념이 아니라 정반합의 사유로 개념이 표현하려는 존재를 인식하는 것이라고 하였다.

플라톤의 관점에서 보면, 탐구활동 중심의 슬기로운 생활 교과 교육은 학생들을 아포리아에 빠지게 하는 상황(활동)을 만들어서(경험적 마음), 이런 상황에서 탐구활동을 하려는 태도(철학적 마음)를 형성하게 해야 한다. 즉, 탐구활동을 유지하려는 마음이나 태도를 이미 습득한 교사가 학생에게 그들 주변에 대해 이미 알고 있는 것이 모르는 것이라고 자각할 수 있는 경험적 상황을 만들어서 제공함으로써 학생들은 경험적 마음을 형성하게 될 것이다. 학생들이 이미 알고 있는 것은 생활 경험에서 나온 것이며, 정작은 모르고 있다는 자각은 그 생활경험을 교과 개념으로 전환하면서 모르고 있다는 자각을 하게 될 수 있다. 그리고 이런 패러독스한 상황(아는 것이 곧 모르는 것이라는)에서 교사와 학생의 대화(상호작용)를 통해서 종국에는 학생이 주변을 계속 탐구하려는 마음이나 태도를 갖게 해야 할 것이다.

또 탐구를 칸트식으로 감각하며 생각하고, 헤겔식으로 정반합이라는 사유방식을 습득해서 사물을 존재 자체를 보는 것이라면, 슬기로운 생활에서는 학생이 감각 가능한 주변의 사례나 개념을 대상으로 하며, 모종의 자의식이나 정반합과 같은 사유방식을 적용하여 사유하는 것이다. 그리고 종국에 학생은 개념이 표현하고자 하는 존재를 만나야 한다.

종합하면, 슬기로운 생활에서 가르치는 대상은 '학생이 이미 아는 것'일 수도 있고, '학생의 경험 세계에 있는 것'이다. 여타의 교과가 학생들이 알아야 할 것을 대상으로 한다는 점에서 슬기로운 생활은 그들이 이미 알고 있는 것을 대상으로 한다는 점에서 서로 구분이 되기도 한다.

이환기(2015)는 통합교과를 유치원의 누리과정과 초등학교 3학년 이상의 분과교과를 연계해 주는 교과로서 생활사태와 교육사태가 결합되어 있는 모습을 띤다고 언급한 바 있다. 즉, 통합교과는 생활 사태를 중심으로 생활의 경험을 보완하는 역할과 분과교과 수업을 위한 기초를 마련하는 역할을 수행해야 하며, 이것이 1, 2학년 학생들의 발달 수준에 부합되는 내용을 부합되는 방법으로 가르치는 교과라는 것이다. 이러한 관점에서 슬기로운 생활은 초등학교 1, 2학년 학생의 발달 및 생활(삶의) 세계에 부합하는 '아는 것'을 대상으로 시작해서 그것이 정작은 학생이 모르고 있는 낯선 교과의 개념임을 의식하게 하는 탐구의 과정을 노정해야 한다. 이 탐구 과정에서 학생은 개념이 표현하고자 하는 존재를 만난다. 그렇게 함으로써 누리과정과 사회나 과학을 연결하고, 생활경험을 보완하는 동시에 교과수업의 기반을 형성하는 역할을 수행할 수 있을 것이다.

3. 맺음말

이 장에서는 슬기로운 생활이 초등학교교육과정을 구성하는 하나의 교과로서 인식과정을 탐구하였다.

먼저, 국가교육과정 체제에서 슬기로운 생활의 등장과 정착 과정에서 슬기로운 생활이 하나의 교과로 점차 인식해 왔는데, 처음에는 통합교과서로서 사회나 과학 교과와 다르지 않는 교과로 인식하다가 사회와 과학을 통합적으로 보는 통합교과로, 슬기로운 생활만의 목적과 내용과 방법을 찾는 정체적 인식 과정을 거쳤다.

둘째, 이에 나아가서 슬기로운 생활에서 가르칠 것을 사회와 과학을 모두 다룰 수 있는 제3의 소재 및 주제를 중심으로 교육과정으로 개발하면서 슬기로운 생활을 보다 정체적으로 인식하는 것을 넘어서 독자적인 하나의 교과로 인식하기 시작했다.

이를 위해서 이 장에서는 선행연구와의 연장선상에서 벗어나 플라톤, 칸트, 헤겔의 탐구의 의미에 기초해서 새로운 맥락에서 탐구교과로서 슬기로운 생활에서 무엇을, 어떻게 가르쳐야 하는지에 대해 시론적 논의를 하였다.

논의 결과, 플라톤, 칸트, 헤겔의 관점에서 탐구활동 중심의 슬기로운 생활은 아이들이 아는 것을 대상으로 삼아서, 탐구과정을 거쳐서 존재를 만나도록 하는 것을 의미했다. 플라톤은 패러독스를 해결하는 과정이 탐구이며, 이는 곧 자신의 무지를 자각하는 경험적 마음을 형성하고, 이런 상황에서도 탐구를 계속하고자 하는 철학적 마음을 형성하도록 하는 것이었다. 즉, 학생이 주변에 대해 이미 통념적으로 알고 있는 것을 대상으로 해서 교과의 개념으로 접근하면서 모르는 것일 수도 있다는 사실을 자각하게 하여 패러독스를 경험하게 하고 종국에는 학생이 주변을 계속 탐구하게 하는 태도를 형성하게 하는 것이었다. 또, 탐구를 감각 가능한 사례에서 찾아서 사유하는 방식으로 본 칸트나 정반합이라는 사고방식을 습득하여 구체적인 개념에 이 사고방식을 적용하여 개념이 상정하는 존재를 만나는 것으로 본 헤겔의 관점에서 슬기로운 생활은 주어진 개념을 대상으로 모종의 사유방식을 개발하여 사유하면서 종국에는 학생이 개념이 표현하고자 하는 존재를 만나도록 이끄는 것이었다. 이런 맥락에서 슬기로운 생활에서 가르치는 대상은 학생이 이미 아는 것이거나 감각 가능할 정도로 익숙한 것을 주요 대상으로 한다는 점에서 여타의 교과와 구분할 수도 있음을 논의하였다. 따라서 슬기로운 생활에서 가르치는 대상은 자각, 감각, 사유방식과 같은 것이 될 수 있고, 이런 점에서 여타의 교과 내용을 특별한 경계나 구분 없이 도구로 활용할 수 있을 것이며, 그렇게 활용할 때 분과교과들이 하듯이 해당 교과 내용의 위계 및 계열을 지키면서 활용하기는 힘들 것이다. 또 슬기로운 생활을 사회나 과학 내용만 활용해야 한다는 통상적인 생각을 넘어서, 모든 교과를 대상으로 한다고 더 확장 조망할 수 있어야 할 것이다.

● 참고문헌

강충열(2007). 초등학교 통합교육과정의 성격과 2007년 개정 교과용 도서 개발 방향. 통합교육과정연구, 1(1) 118-151.

권치순, 조록형(1991). 슬기로운 생활 지도방법의 탐색, 한국교육논총, 제3차, 65-81.

교육부(1997). 초등학교 교육과정[별책2].

교육인적자원부(2007). 2007 개정 초등교육과정[별책2].

교육과학기술부(2009). 2009 개정 초등학교 교육과정[별책2].

교육과학기술부(2011). 초등학교 교사용 지도서-통합교과-. 지학사.

교육부(2015). 2015 개정 초등학교 교육과정[별책2].

김유희, 이학동, 배광성(1997). 제1-5차 교육과정에 의한 초등학교 자연 및 슬기로운 생활 교과의 단원분석. 중등교육연구, 9, 175-195.

김상렬, 윤성규, 이갑숙(1992). '자연' 및 '슬기로운 생활' 교사용 지도서의 식물영역 비교 분석. 한국생물교육학회, 20(2), 83-102.

김승호(1999). 제7차 교육과정에서의 초등학교 통합교과의 성격. 초등교육연구, 13(1), 47-66.

김재영(1993). 슬기로운 생활 및 자연 교과서의 비교 분석-동물영역(제4차, 제5차 교육과정)을 중심으로. 한국생물교육학회, 21(2), 217-232.

김정호(1998). 슬기로운 생활. 교과서 연구, 31, 36-38.

김진숙, 박순경, 최정순, 이효녕, 송지윤, 박영미(2013). 초·중등학교 교육과정 연계성에 대한 국제 비교. 한국교육과정평가원 연구보고 RRC 2013-3.

김효남, 노금자, 김화숙(1996). 일본생활과와 한국 슬기로운 생활과의 내용 분석. 과학교육논문집, 6(1), 96-115.

남경희(2000). 슬기로운 생활에 있어서 활동의 성격. 사회과교육, 32, 49-73.

남경희(2011). 슬기로운 생활과의 정체성: 성립 논거의 특색을 중심으로. 초등사회과교육, 13, 13-29.

남경희, 남호엽(2004). 교육과정 논쟁으로 본 슬기로운 생활 교과의 정체성. 사회과교육, 43(2), 47-64.

노철현(2011). 2009 개정교육과정에 비추어 본 초등학교 교과통합의 성격 일 고찰. 한국초등교육, 22(2), 317-331.

문교부(1981). 국민학교 교육과정[별책 2]. 대한교과서주식회사.

박순경(2009). 초등 저학년 교육과정에서의 교육내용 중복과 교과 통합 방식 고찰. 교육과정연구, 27(4), 119-140.

박재근, 백현정(2009). 2007년 개정 슬기로운 생활 교육 과정의 내용 요소 및 탐구 활동 분석. 초등과학교육, 28(1), 55-66.

박천환(1989). 교과통합 가능한가. 통합교과 및 특별활동연구, 5(1), 37-51.

유제순(2005). 초등학교 통합교과의 내용구성 분석. 교육학논총, 26(1), 143-175.

유한구(1988). 통합교과의 이론적 쟁점. 통합교과 및 특별활동연구, 4(1), 1-14.

유한구(1990). 교과통합의 인식론적 고찰. 통합교과 및 특별활동연구, 6(1), 39-54.

유한구(1992). 국민학교 저학년 통합교과의 성격. 논문집, 25, 543-556.

윤은정, 박윤배(2013). "슬기로운 생활"에 수록된 물리 영역 과학 용어 분석. 한국초등과학교육학회, 32(2), 127-138.

이미숙 외(2014). 초등학교 교육과정 개선 방향 탐색. 한국교육과정평가원 연구보고 RRC 2014-1.

이승미(2010). 초등학교 1학년과 유치원의 교육과정 연계성 분석. 교육과정연구, 28(2), 59-90.

이승미(2012). 2009 개정 통합 교육과정의 연계성 분석: 즐거운 생활을 중심으로. 한국초등체육학회지, 18(3), 193-209.

이승미(2014). 초등학교 1, 2학년군과 3, 4학년군의 교과 교육과정 연계 방향 탐색. 87-146. 초등학교 교육과정 개선 방향 탐색을 위한 워크숍. 한국교육과정평가원 연구보고 ORM 2014-28. 1-74.

이환기(2015). 초등학교 교과로서 통합교과의 성격 탐색. 한국통합교육과정학회 8월 월례회 자료집. 한국통합교육과정 학회 비간행 출판물.

이혜은, 황해익(2008). 구성주의에 기초한 유치원 교육과정과 초등학교 교육과정의 비교 및 연계성 탐색 – 탐구생활영역과 수학 및 슬기로운 생활 교육과정을 중심으로. 열린유아교육연구, 13(1), 23-53.

장명림, 장혜진, 이환기, 이승미, 송신영, 최미미(2012). 5세 누리과정과 초등학교 교육과정 및 3·4세 연계 방안 연구(연구 보고 2012-32). 육아정책연구소.

조영남(1997). 슬기로운 생활과 교과서 내용 분석. 초등교육연구논총, 10, 313-353.

정광순(2010). 통합교과 출현과 유지 과정에 대한 현상 해석. 학습자중심교과교육연구, 10(1), 381-402.

정병훈(2001). 독일 '사물학습'의 역사와 통합교과적 원리. 청주교육대학교 논문집, 38, 117-135.

齊藤 勉(1990). 生活科の何が授業を變えるのガ. **教育科學 社會科教育**, No. 344.

Blachowicz, J. (1998). *Of two minds: The nature of inquiry*. NY: State University of New York.

Drake, S. (2004). *Meeting standards through integrated curriculum*. USA: The Association for Supervision and Curriculum Development.

Eisner, E. W. (1979). *The educational imagination on the design and evaluation of school programs* (3rd ed.). NJ: Merrill Prentice Hall.

Jackson, P. W. (1968). *Life in classroom*. NY: Holt Rinehart and Winston, Inc.

Peters, R. S. (1966). *Ethic and education*. London: George Allen & Unwin Ltd. 이홍 역(1984). 윤리학과 교육. 교육과학사.

Pigdon, K., & Woolley, M. (1995). *The big picture*. NH: Heinemann Portsmouth.

Popper, K. (1940). What is dialectic? In Mind 49(1963 Reprinted). *Conjectures and refutations*(pp. 312-335). NY: Harper.

Pring, R. (1973). Curriculum integration: The need for classification. *New Era, 54*(3), 59-64.

Rosen, M. (1982). *Hegel's Dialectic and its criticism*. Cambridge: Cambridge University Press.

Tyler, R. W. (1949). *Basic principles of curriculum and instruction*. NY: The University of Chicago Press.

Ward, J. M. (1960). *The curriculum integration concept applied in intermediate grades*. Unpublished Doctoral Dissertation. The University of Texas(Austin).

4장

즐거운 생활: 놀이중심의 통합교과[*]

박 채 형

> 순수의 세계에서 활보하던 놀이를 욕망의 세계에 가둘 때,
> 놀이는 욕망의 세계를 순수의 세계로 둔갑시킨다.
> − R. Caillois, 1958

'즐거운 생활'을 우리나라의 초등학교에 적용하기 시작한 것은 '바른 생활'이나 '슬기로운 생활'과 마찬가지로 제4차 교육과정부터였다. 당시에 즐거운 생활은 "국민학교 1, 2학년 학생들이 체육, 음악, 미술 교과의 내용을 한 권의 책으로 공부할 수 있도록 엮은 교과서"였다(문교부, 1982, p.307). 제5차 교육과정에서도 즐거운 생활은 여전히 "체육, 음악, 미술 교과 내용을 통합한 교과"였다(문교부, 1988, p.139). 단지, 제4차 교육과정의 경우에 즐거운 생활의 영역을 신체표현활동, 음악적 지각 및 표현활동, 시지각 및 조형활동으로 구분하였다면(문교부, 1982, p.310), 제5차 교육과정에서는 그것을 신체활동, 표현활동, 감상활동으로 변경하였을 뿐이다(문교부, 1988, p.148).

---

[*] 이 글은 '박채형, 정광순(2015). 호이징아와 카이와의 놀이 이론에 함의된 즐거운 생활의 성격과 영역. 통합교육과정연구, 9(3), 33-54'를 수정한 것이다.

제6차 교육과정에서는 '분과교과로부터 탈피'라는 통합교과의 구호 아래 즐거운 생활의 성격에 대한 대폭 수정을 했다. 즉, "즐거운 생활은 여러 가지 놀이와 표현활동을 통하여 즐거운 학교생활이 되게 하고 건강하면서 명랑하며 창의적인 생활을 영위하게 하는 통합교과"로 그 성격을 천명했다(교육부, 1992, p.29). 그러나 제5차 교육과정에서 설정한 즐거운 생활의 영역은 제6차 교육과정에서는 그대로 유지했다. 여기에서 비롯된 현상이겠지만, 즐거운 생활이 분과교과에 의하여 지배되는 경향은 당시에도 여전했다(김민환, 2007, p.72; 이재준, 2009, p.173). 가령, 초등학교 시간표에는 즐거운 생활이 즐생(체), 즐생(음), 즐생(미)로 표기되었는가 하면, 심지어 신체적 활동과 음악적 활동 및 조형적 활동이 별도의 시간에 독립된 활동으로 취급되는 상황마저 보고되었다(교육인적자원부, 1998, p.132).

제7차 교육과정에서는 통합교과에 관한 종전의 접근 방식을 '교과 간의 통합'으로 명명하면서 그것에 대한 대안으로 '활동주제 중심의 통합'을 도입하였다(교육과학기술부, 2008, p.4, 123). 즉, 종전의 통합교과가 분과교과의 내용을 물리적으로 결합하는 방식을 취했다면, 제7차 교육과정에서는 학습자가 당면하는 삶의 세계 혹은 경험의 세계를 중심으로 통합교과를 편찬하는 탈교과적 통합방식을 채택하였다(이영만, 홍영기, 2006, p.54; 이재준, 2009, p.175). 그래서 즐거운 생활의 성격은 다시 "초등학교 1, 2학년 학생들에게 다양하고 즐거운 활동을 제공하여 학생들의 기본적인 활동 욕구를 충족시켜 주고 자율적이고 창의적인 놀이와 표현활동, 감상활동을 할 수 있는 능력과 태도를 함양하는 통합교과"였다. 그 영역 또한 놀이와 표현,

감상, 이해라는 세 가지 영역으로 재편했다(교육부, 1998, pp.66-67).

제7차 교육과정에서는 이러한 새로운 접근 방식과 영역을 통하여 '체육과 음악과 미술을 통합한 즐거운 생활'이라는 식의 표현을 원천적으로 차단시키려 하였다(이재준, 2009, p.174; 이정아, 2007, p.55). 그럼에도 불구하고 통합교과의 단원이나 차시가 분과교과의 형태를 띠는 종전의 경향은 당시에도 여전했다(김민환, 2007, p.73; 유제순, 2005, p.170).

2007년 개정 통합교과 교육과정에서는 제7차 통합교과 교육과정이 안고 있던 그러한 한계를 극복하기 위하여 '심리-사회적 접근'을 하였다. 이 접근 방식은 수시-부분 개정이라는 방침에 따라 종전의 탈교과적 접근 방식을 그대로 유지하는 가운데 그것에 일관된 형태로 내용체계를 재편하는 데에 초점을 두었다. 즐거운 생활에 국한시켜 말하면, 1, 2학년에는 각각 공간의 차원과 시간의 차원에서 설정된 4개의 대주제를 배당했으며, 이들 대주제는 다시 3~4개의 활동주제로 구체화했다. 그리고 각각의 활동주제는 4개의 제재요소를 예시로 포함했다(교육과학기술부, 2007: 440). 즐거운 생활의 성격은 이러한 내용체계의 변화에 따라 "건강한 몸과 마음을 기르며 창의적인 표현능력과 감상능력, 심미적인 태도를 함양하기 위해 다양하고 즐거운 놀이와 활동을 중심으로 구성한 통합교과"로 다듬었다(교육인적자원부, 2007, p.438).

그런데 대주제와 활동주제 및 제재요소의 항목은 통합교과에 따라 상이할 뿐만 아니라 그 항목의 수도 달랐다. 당시의 이러한 내용체계는 세 통합교과를 별도의 것으로 간주하는 것이며, 그런 만큼 세 통합교과 사이의 연계를 도모하는 일은 현실적으로 어려울 수밖에 없었다. 바로 이 점 때문에 2007년 개정 통합교과 교육과정은 탈학문적 접근을 불완전하게 구현하고 있다는 비판에서 자유로울 수 없었다.

2009 개정 통합교과 교육과정은 이러한 과도기적 탈학문적 접근을 보완하기 위하여 그 내용체계를 수정하는 방향으로 개발하였다(강충렬, 2011, pp. 19-20). 구체적으로 말하면, 여기에서는 세 통합교과에 공통적으로 적용할 8개의 대주제를 설정한 이후에 그것을 다시 4~5개의 소주제로 구체화하였다. 그리고 이들 소주제는 다시 세 통합교과의 성격에 맞는 활동주제로 번역하였다. 2009 개정 통합교과 교육과정에서는 이러한 내용체계를 통해서 자연스럽게 세 통합교과 사이의 통일성과 차별성을 동시에 도모하였다. 그래서 즐거운 생활의 성격은 현재와 같이 "초등학교 1, 2학년 학생이 창의적인 표현능력을 지닌 건강한 사람으로 자라도록 돕는 표현활동 중심의 통합교과"로 수정하였다(교육과학기술부, 2011, pp. 53-54).

이와 같이 즐거운 생활의 성격과 영역 혹은 내용체계가 끊임없이 변해 왔다는 사실은 그동안 즐거운 생활의 독자적 지위를 확립하려는 노력이 줄기차게 이루어져 왔다는 증거로 받아들여도 결코 그릇되지 않을 것이다. 그러나 종전까지의 노력이 열도를 더 하면서 지금도 진행되고 있다는 것은 그동안의 숭고한 노력과 무관하게 즐거운 생활의 정체성이 여전히 의심받고 있다는 뜻으로 해석할 수도 있다. 아닌 게 아니라, 통합교과가 고유한 논리의 부재로 말미암아 그 정체성을 의심받고 있다는 주장은 과거와 현재를 가로질러 지속적으로 제기해 왔다(김민환, 2007, p.65; 김승호, 2004, p.65; 이영만, 홍영기, 2006, p.58). 그리고 이 주장은 즐거운 생활의 성격과 영역을 논리적으로 규명하고 체계화함으로써 그것의 정체성을 확보하는 일을 후세대가 짊어져야 할 연구적 과제로 안겨 주는 것이나 다름이 없다.

이 장은 제6차 교육과정 이후 줄곧 즐거운 생활의 핵심적인 활동으로 간주되어 온 놀이와 표현 중에서 놀이에 초점을 두고 그 성격과 영역을 시론적으로 모색하는 데에 목적을 두고 있다. 그래서 본론에서는 먼저 놀이에 관한 지난 세기 걸작으로 손꼽히는 호이징아(Huizinga)의『호모 루덴스(Homo Ludens)』와 카이와(Caillois)의『인간, 놀이, 그리고 게임(Man, Play, and Games)』에 제시된 놀이의 성격과 유형을 확인하는 데에 두 절을 할애할 것이다.[1] 그리고 이어지는 절에서는 즐거운 생활의 다른 한 가지 핵심적인 활동인 표현을 제외시키는 이유를 해명하는 동시에 그들의 이론과 즐거운 생활이 추구하는 방향에 근거하여 즐거운 생활의 성격과 영역을 시론적으로 모색할 것이다.

1. 호이징아(Huizinga): 놀이의 본질

호이징아는『호모 루덴스』의 서문에서 이 책을 집필하면서 품고 있었던 관심사와 관련된 한 가지 일화를 소개하고 있다. 그는 자

---

1) 이하에서는 놀이에 관한 호이징아와 카이와의 대표적인 책자를 다음과 같이 약칭한다.
 ① HL: Homo Ludens: A Study of the Play-Element on Culture (Huizinga, 1955)
 ② MP, p.Man, Play, and Games (Caillois, 1958)

신이 수행할 강연에 '문화의 기초로서의 놀이(The Play Element of Culture)'라는 제목을 붙였다는 것, 그러나 자신을 강연에 초청한 책임자는 이 제목에 포함된 전치사를 'in'으로 수정하도록 요청했다는 것, 그럼에도 불구하고 그는 끝까지 'of'를 고수했다는 것이 그 일화의 요지이다. 그는 이 일화를 소개하는 데에 이어서 자신이 그 전치사를 고수했던 이유를 설명하고 있다. 자신의 관심사는, 문화로 지칭되는 여러 가지 현상 중에서 놀이가 차지하는 상대적 위치를 드러내는 데에 있었던 것이 아니라, 문화라는 것이 성격상 놀이에 바탕을 두고 있다는 사실을 여실하게 보여 주는 데에 있다는 것이 바로 그 설명이다(HL, p. i).

호이징아는 자신의 이러한 관심사를 실현하는 예비적 단계로서 놀이가 인간의 세계뿐만 아니라 동물의 세계에서도 발견된다는 점을 지적한다. 그는 강아지가 노는 장면을 그 사례로 제시한다. 강아지가 상대에게 상처를 입혀서는 안 된다는 식의 규칙을 준수하는 가운데 매우 화가 난 척하기도 하면서 즐겁게 어울리는 장면이 바로 그 사례이다(HL, p. 1). 그의 이러한 지적은 놀이가 단순한 생리적인 현상이나 기계적인 반응이 아니라는 점을 부각시키는 데에 초점을 두고 있다. 놀이는 본능적으로 일어나는 단순한 생물학적 움직임을 넘어서는 활동이며, 놀이에는 그 이상의 특별한 역할이 부여되어 있다는 것이 그의 견해인 셈이다(HL, p. 1).

심리학자나 생리학자에게는 호이징아의 이러한 견해가 종전까지 자신들이 이룩한 업적의 한 부분을 부각시키는 것처럼 보일지 모른다. 놀이의 역할을 분석하는 일은 지금까지 심리학이나 생리학이 탐구해야 할 한 가지 중요한 과제로 취급되어 왔을 뿐만 아니라 그 성과 또한 상당히 축적되어 있기 때문이다. 실제로 과잉에너지의 발산, 모방본능의 충족, 다양한 욕구의 충족, 긴장의 완화, 미래 사태에 대비한 훈련 등은 그들이 밝혀낸 놀이의 대표적인 역할로 간주되고 있다(HL, p. 2).

호이징아도 놀이가 이러한 용도로 사용될 수 있다는 주장을 부정하지 않는다. 그러나 놀이에 관한 심리학이나 생리학의 연구에서는 놀이의 본질에 관한 근본적인 해명을 찾아볼 수 없다. 호이징아는 여기에 대하여 다음과 같이 말하고 있다.

> 놀이에서 맛보는 '재미'는 도대체 어떤 성격의 것인가? 갓난아기는 어째서 기어다니면서도 즐거워하는가? 도박꾼은 왜 정신을 차리지 못하고 도박에 빠져드는가? 수많은 관중이 축구에 열광하는 까닭은 무엇인가? 사람들이 이렇게 놀이에 몰두하고 열광하는 이유는 생물학적 연구에서 찾아보기 어렵다(HL, p. 2).

놀이가 어디엔가 유용하다는 것을 부정할 수 없는 것과 꼭 마찬가지로 놀이가 놀이꾼에게 재미를 안겨 준다는 것 또한 부정할 수 없다. 그러나 놀이의 유용성과 놀이의 본질은 엄연히 구분된다. 호이징아는 이들 양자 중에서 놀이의 본질에 주목한다. 위의 인용문은 재미 혹은 그것에서 파생되는 현상인 몰두와 열광이 바로 그 놀이의 본질에 해당한다는 점을 시사하고 있다. 그는 이러한 시사점을 다음과 같이 시적 어조로 선언한다. "신은 유용성이 아니라, 긴장(tension)과 쾌락(mirth)과 재미(fun)를 위하여 놀이를 만들어 인간에

게 내려주었다."(HL, p. 3)

호이징아는 놀이의 이러한 요소 중에서 특히 재미에 주목한다. 적어도 그가 보기에, 재미는 일체의 놀이에 붙박혀 있는 그것의 원초적 특징에 해당할 뿐만 아니라 놀이가 이성과 무관한 활동이요, 일상생활에 꼭 필요한 것 이상의 활동이라는 자신의 주장 또한 재미라는 바로 그 원초적 특징에 근거하고 있기 때문이다(HL, p. 3).

재미가 놀이의 원초적 특징이라는 호이징아의 이러한 주장은 당장 놀이가 진지함(seriousness)과 대비되는 활동이라는 생각을 떠올리게 만들지 모른다. 그러나 이 생각은 그의 입장과 거리가 멀다. 축구나 장기와 같이 진지한 놀이도 얼마든지 있을 수 있으며, 웃음이나 우스꽝스러움과 같이 진지함과 대비됨에도 불구하고 놀이의 속성으로 간주될 수 없는 것도 있을 수 있기 때문이다(HL, pp. 5-6). 더욱이 웃음은 오직 인간의 세계에서 발견되는 생리적 현상이지만, 놀이는 인간의 세계와 동물의 세계에서 동시에 발견되는 행위이다(HL, p. 6). 그리고 놀이가 우스꽝스럽게 보이기도 하는 것은 놀이 그 자체에서 비롯되는 현상이라기보다는, 놀이가 벌어지는 상황이나 그것을 표현하는 생각에서 비롯되는 현상이다(HL, p. 6). 놀이는 진지함을 둘러싼 이러한 대립구도 뿐만 아니라 지혜로움과 어리석음, 진과 위, 선과 악, 미와 추의 대립구도에서도 벗어나 있다(HL, pp. 6-7).

호이징아는 놀이의 본질을 이러한 소극적인 방식으로 규정하는 데에 이어서 그것을 적극적으로 규정하는 데로 나아간다. 미리 앞당겨 말하면, 놀이는 '자유(freedom)' '일탈(not ordinary or real)' '격리(secludedness or limitedness)'라는 세 가지 개념으로 규정할 수 있다는 것이 그의 기본적인 입장이다(HL, pp. 7-9). 그러나 그렇다고 해서 이들 세 가지 개념이 따로 떨어져 있는 별개의 것이라고 생각하는 것은 옳지 못하다. 다음에서 드러날 바와 같이, 자유와 일탈과 격리로 지칭되는 놀이의 특징은 파생관계로 긴밀하게 연결되어 있다.

자유가 놀이의 본질이라는 호이징아의 주장은 앞서 놀이의 원초적인 특징으로 지목된 재미에 뿌리를 두고 있다. 직접적으로 말하면, 놀이는 놀이 그 자체를 즐기기 위하여 수행되는 자발적인 활동 이외에 다른 것일 수 없다는 것이 이 주장의 요지이다(HL, p. 7). 놀이에 관한 이 주장 속에는 놀이에 해당하지 않는 두 가지 유형의 활동이 함의되어 있다. 놀이 그 자체 혹은 놀이가 안겨 주는 재미 이외의 요소를 획득하기 위하여 수행되는 활동이 한 가지 유형이라면, 다른 한 가지 유형은 놀이꾼이 자신도 의식하지 못하는 가운데 이루어지는 본능적인 행위이다. 그의 용어를 빌어 말하면, 외부에서 부과되는 강요나 도덕적 의무 혹은 생활의 필요 때문에 수행되는 활동은 더 이상 놀이라고 부를 수 없으며, 본능의 수준에서 이루어지는 생물학적 행위 또한 놀이로 간주될 수 없다(HL, pp. 7-8). 그래서 그는 놀이를 꼭 필요한 활동이라기보다는 꼭 필요한 것 이상의 활동이요, 자신의 의지와 무관하게 이루어지는 활동이라기보다는 자신의 의지에 따라 언제든지 연기하거나 중지할 수 있는 자율적인 활동으로 규정하고 있다(HL, pp. 7-8).

호이징아는 이 규정의 전반부로부터 일상과 현실에서의 탈출이라는 놀이의 둘째 특징을 파생시킨다. 이 작업에는 '무관심성(disinterestedness)' '간주곡(interlude)' '휴식(relaxation)'이라는 새로운 개념이 동원된다. 먼저, 무관심성이라는 것은 필요와 욕망의 초월로 규정될 수 있다(HL, p. 9). 필요와 욕망을 추구하는 일은 일상의 세계에서 수행하는 불가피한 활동에 해당하지만, 놀이는 일상의 세계 혹은 거기에서 추구되는 필요와 욕망을 벗어나 있다는 것이 무관심성의 요지이다. 무관심성은 이 점에서 놀이가 꼭 필요한 것 이상의 활동이라는 그 전반부의 부정적 대응물이라고 말해도 좋다.

호이징아는 놀이가 어떻게 그러한 일상적인 관심사 혹은 꼭 필요한 것을 추구하는 일에서 벗어날 수 있는가를 설명하기 위하여 다시 간주곡이라는 개념을 등장시킨다. 여기에서 간주곡이라는 것은 현실의 세계가 정지된 상태에서 일시적으로 끼어드는 가상의 세계를 뜻하는 비유적인 개념이다(HL, p. 9). 놀이가 이러한 간주곡의 성격을 띤다는 것은 놀이가 가상의 세계로 지칭되는 특별한 시간과 공간 속에서 벌어지는 활동이라는 뜻으로 읽을 수 있다(HL, pp. 9-10). 그러므로 시간과 공간의 격리로 요약되는 놀이의 셋째 특징은 놀이가 간주곡의 성격을 띤다는 데에서 파생되는 마지막 특징이라고 말할 수 있다.

놀이의 이 셋째 특징에서 따라오는 사실이겠지만, 놀이는 그 시공간 속에서 통용되는 나름의 규칙이나 질서를 가지고 있다. 물론, 놀이가 담고 있는 그 규칙이나 질서는 절대성을 띤다. 놀이꾼이 그 규칙이나 질서를 어긴다는 것은 곧 놀이의 파괴를 의미하기 때문이다(HL, p. 10). 실제로 심판의 호각소리는 한 순간에 가상의 세계를 붕괴시키면서 다시 현실의 세계를 진행시킨다(HL, p. 11). 그리하여 놀이가 간주곡의 성격을 띤다는 호이징아의 주장은 놀이가 현실 혹은 일상으로부터 격리된 시공간 속에서 오직 놀이 그 자체를 위하여 마련된 규칙과 질서를 절대적으로 준수하는 가운데 수행되는 순수한 활동이라는 뜻으로 읽을 수 있으며, 이 점에서 놀이에는 현실의 세계에서 추구되는 일상적인 관심사나 꼭 필요한 것이 개입될 여지가 없다.

이와 같이 놀이가 일상적인 관심사에서 벗어나 있다면, 그것이 추구하는 것은 과연 무엇인가? 놀이가 추구하는 꼭 필요한 것 이상의 것은 과연 무엇을 가리키는가? 이 질문은 당장 재미와 더불어 놀이의 핵심적인 요소로 거론된 긴장과 쾌감을 떠올리게 만들지 모른다. 더욱이 놀이의 셋째 특징을 소개하는 장면에서 긴장은 놀이의 불확실성 혹은 위험성에서 비롯되는 불가피한 현상이요, 놀이는 나름의 규칙과 질서 속에서 그 불확실성이나 위험성과 한판의 투쟁을 벌이는 과정이며, 쾌감은 그러한 투쟁에서 승리한 결과로 주어지는 일종의 선물로 기술되어 있다(HL, p. 10). 놀이와 긴장과 쾌감의 관련에 관한 호이징아의 이러한 발언은 앞의 질문에 대한 대답을 긴장과 쾌감에서 찾으려는 욕구를 한층 더 증폭시킨다.

그러나 긴장과 쾌감은 앞의 질문에 대한 궁극적인 대답이 될 수 없다. 호이징아의 이론을 전체적으로 조망할 때, 그 대답은 다시 놀이꾼의 삶과 쾌감의 관련을 묻는 후속적인 질문을 제기하기 때문이다. 이 점을 감안하면, 앞의 질문에 대한 대답은 차라리 놀이가 주기적으로 반복되는 휴식활동이라는 그의 주장에서 찾는 것이 타당해 보인다. 그의 이러한 주장에는 놀이가 일상의 세계를 중지시킨다는 것 이상의 의미가 포함되어 있다. 그의 주장을 그대로 옮기면, 휴식

활동으로서의 놀이는 주기적으로 삶에 생기를 불어넣고 삶을 충만하게 만드는 삶의 보완자에 해당하며, 그런 만큼 놀이는 삶에서 없어서는 안 될 삶의 반려자로 받아들일 수 있다(HL, p. 9). 놀이가 꼭 필요한 것 이상의 것을 추구한다는 그의 주장은 삶에서 놀이가 차지하는 이러한 위치를 기술하는 것으로 해석될 수 있다.

호이징아는 이상에서 고찰한 놀이의 세 가지 특징을 압축하여 한 문장의 정의로 제시하고 있다. 즉, "놀이는 격리된 시간과 공간 속에서 정해진 규칙을 한 치도 어김없이 준수하는 가운데 일상생활에서 접할 수 없는 특이한 재미와 정신을 자유롭게 추구하는 자발적이고 긴장된 활동이다"(HL, p. 20). 물론, 여기에서 놀이의 정신이라는 것은 일상의 세계 혹은 현실의 세계에서 탈출하여 꼭 필요한 것 이상의 것을 자유롭게 추구하려는 자세로 읽을 수 있다. 그는 놀이의 이러한 정신을 비롯하여 그 정신을 구현하기 위하여 마련되는 여러 가지 특징을 '놀이의 형식'이라고 부른다(HL, p. 46).

놀이가 문화의 주된 기반이 된다는 호이징아의 궁극적인 주장은 바로 이 놀이의 형식에 바탕을 두고 있다. 얼른 생각하면, 그의 이 주장은 놀이가 문화로 변한다는 뜻이나 문화가 놀이에서 생겨났다는 뜻으로 읽힐지 모른다. 그러나 그는 이러한 상식적인 입장을 부정하면서 자신의 생각을 드러낸다. 즉, 문화는 애당초 놀이의 형식에서 유래되었으며, 문화적 활동은 그러한 놀이의 형식에 따라 놀이의 형태로 수행된다는 것이다(HL, p. 46). 그리하여 놀이가 문화의 주된 기반이 된다는 그의 주장은 놀이의 형식이 일체의 문화에 바탕무늬로 깔려 있다는 데로 귀착된다.

2. 카이와(Caillois): 놀이의 유형

카이와의『인간, 놀이, 그리고 게임』은 호이징아의『호모 루덴스』를 평가하는 데에서 시작된다. 호이징아의 그 저서는 놀이의 성격과 기능에 관한 기념비적인 책자임에 틀림이 없지만, 놀이의 유형을 분류하는 데에는 관심을 두고 있지 않을 뿐만 아니라 모든 놀이가 동일한 욕구에서 시작되어 동일한 심리적 태도를 표출하는 것처럼 취급하는 난점을 안고 있다는 것이 그 평가의 골자이다(MP, pp. 3-4).

카이와의 이러한 평가에는 그가 자신의 저서에서 취급하게 될 내용이 예고되어 있다. 카이와의 그 저서는 실제로 놀이의 네 가지 기본적인 범주를 설정하는 동시에 각각의 놀이에 반영된 놀이꾼의 욕구와 심리적 태도를 드러내는 데에 초점을 두고 있다. 그는 이 작업을 위한 예비적인 단계로서 놀이의 규칙과 놀이꾼의 의지를 가로축과 세로축에 놓고 놀이의 네 가지 기본적인 범주를 설정한다(MP, p.12). 다음에서 순차적으로 고찰할 '아곤(agôn)' '알레아(alea)' '미미크리(mimicry)' '일링크스(ilinx)'가 바로 그 기본적인 범주이다.

'아곤'이라는 말은 원래 시합 혹은 경기를 뜻하는 희랍어이다. 카이와의 이론체계 내에서 이 희랍어는 경쟁의 형태로 진행되는 놀이를 지칭하는 데에 활용된다. 즉, 아곤은 축구나 바둑과 같이 놀이꾼이 사전에 설정된 규칙을 준수하는 가운데 자신의 의지를 반영하여 상대와 경쟁하는 형태의 놀이를 가리킨다(MP, p.14).

아곤이 가리키는 이러한 형태의 놀이에서는 모든 놀이꾼에게 균등한 기회가 부여된다. 기회를 균등하게 부여하는 것은 경쟁의 기본적인 원리에 해당하기 때문이다. 그렇기는 해도 아곤에서 부여되는 기회의 균등은 절대적인 균등이 아닐 수 있다. 예컨대, 바둑의 경우에 먼저 시작하는 사람이 있을 수밖에 없으며, 먼저 시작한다는 것은 유리한 위치에서 그 활동을 수행한다는 것을 의미한다. 그래서 바둑에서는 최대한으로 기회를 균등하게 부여하기 위하여 먼저 시작하는 사람이 확보한 집으로부터 일정한 수를 공제하는 규칙을 마련해 두고 있다. 아곤에서는 이러한 방식으로 기회의 차등을 최대한으로 완화시키거나 상쇄시킨다(MP, pp. 14-15).

기회의 균등이라는 이러한 아곤의 원리는 놀이꾼에게 특별한 인식을 갖도록 만든다. 아곤에서 발휘해야 할 핵심적인 능력에 관한 한 승리자가 패배자보다 우월하다는 인식이 바로 그것이다(MP, p.15). 아닌 게 아니라, 아곤은 특정한 분야에서 그러한 명성을 얻으려는 놀이꾼의 욕망에서 시작된다. 그리고 놀이꾼이 그러한 욕망을 표출한다는 것은 그가 이전부터 그 놀이에 관한 끊임없는 훈련과 실전을 통해서 승리의 의지를 다져왔다는 뜻으로 읽을 수 있다. 거기에는 또한 앞으로도 그러한 노력을 계속적으로 경주할 뿐만 아니라 그 노력이 안겨 주는 고통을 감내하겠다고 하는 다짐이 가정되어 있다. 그래서 아곤은 "균등하게 주어지는 기회 속에서 각자가 발휘하는 상대적인 역량만큼 차등을 파생시키는 놀이"로 규정되기도 한다(MP, p.14).

카이와는 놀이의 둘째 유형으로 카드놀이나 제비뽑기로 예시되는 알레아를 상정한다. 알레아가 어떤 성격의 놀이인가는 그 이름이 원래 주사위놀이를 뜻하는 라틴어였다는 사실에 이미 시사되어 있다. 그의 말을 그대로 옮기면, "아곤이 자신의 의지를 표현하는 놀이라면, 알레아는 자신의 의지를 포기한 채 운명에 의지하는 놀이이다"(MP, p.18). 즉, 알레아에서는 놀이꾼의 의지나 역량이 놀이의 결과에 거의 영향을 미치지 않으며, 놀이꾼이 할 수 있는 것은 기대와 불안이 교차하는 가운데 자신이 운명을 기다리는 것뿐이다(MP, p.17).

그러나 그렇다고 해서 아곤과 알레아 사이에 전혀 공통점이 없는 것은 아니다. 알레아는 아곤과 마찬가지로 모종의 규칙을 가지고 있을 뿐만 아니라 알레아에서도 기회의 균등이 중요한 원리로 작용한다. 단지, 놀이의 출발점을 최대한으로 동일하게 설정하는 데에 초점을 맞추는 아곤의 경우와는 달리, 알레아의 경우에 이 원리는 놀이꾼이 무릅쓰는 위험에 비례하여 보상을 제공하는 데에 초점을 맞춘다(MP, p.17). 바꾸어 말하면, 알레아에서 제거되는 것은 행운으로 주어지는 보상의 불균형이 아니라, 놀이꾼이 소유한 의지 혹은 역량의 불균형이다(MP, p.17, 18). 그래서 알레아에서는 기대되는 이익과 위험의 균형이 기회의 균등으로 간주되며, 알레아에서의 승리는 그러한 균형 속에서 보다 많은 보상 혹은 이익을 취하는 형태로 나타난다(MP, p.17).

놀이꾼이 알레아에 참여하는 동기는 여기에서 찾을 수 있다. 즉, 놀이꾼은 거기에서 승리와 쾌감을 얻을 것이라는 막연한 기대에서 알레아에 참여하게 된다. 그리고 놀이꾼의 그러한 동기는 그들로 하여금 아곤의 경우와 구별되는 특별한 심리적 태도를 취하도록 만든다. 아곤이 놀이꾼으로 하여금 근면, 인내, 훈련, 능력 등에 의지하도록 만든다면, 알레아는 그들로 하여금 그러한 의도적 요소에서 이탈하도록 만든다(MP, p.17). 알레아는 놀이꾼으로 하여금 자신이 소유하고 발휘하는 모든 것에 대하여 오만불손한 태도를 취하게 만들면서 그것을 제외한 거의 모든 것에 의지하도록 만든다. 알레아가 놀이꾼이 소유한 의지나 역량을 제거의 대상으로 삼는다는 말은 이러한 태도에 대한 소극적인 진술로 받아들일 수 있다.

카이와가 놀이의 셋째 유형으로 상정하는 미미크리에는 아곤이나 알레아와 달리, 규칙이 부과되지 않는다. 미미크리는 공상놀이나 소꿉놀이와 같이 규칙에 얽매이지 않는 가장이나 흉내를 특징으로 삼는다. 그러므로 미미크리가 놀이로 성립하기 위해서는 일시적으로나마 현실의 세계와 단절된 상상의 세계를 가정하지 않으면 안 된다(MP, p.19). 미미크리는 놀이꾼으로 하여금 그러한 세계 속에서 상상의 인물이나 존재로 변신하여 그것에 걸맞은 역할을 수행하도록 요구한다. 바꾸어 말하면, 미미크리에서 놀이꾼은 자신을 다른 사람이나 다른 존재로 믿을 뿐만 아니라 주위 사람들에게도 그렇게 믿도록 요청한다. 차라리 놀이꾼은 일시적으로나마 자신의 인격을 버리고 다른 인격을 취하는 방식으로 미미크리를 수행한다고 말하는 편이 옳다.

얼른 보면, 놀이꾼의 이러한 행위는 일종의 기만으로 여겨질지 모르지만, 그의 의도는 관객을 기만하는 데에 있지 않다. 가령, 기차놀이에 몰두하는 아이는 기관차에 키스할 수 없다고 말하면서 아버지의 키스를 거부할지언정 아버지로 하여금 자신을 기관차로 믿도록 강요하지 않는다. 단지, 놀이꾼은 일상적인 자아를 숨기고 원래의 인격을 해방시키는 자유로운 분위기를 향유할 뿐이다(MP, p.21). 놀이꾼이 이러한 방식으로 미미크리를 구현하는 것은 가장 기본적인 충동이자 거의 본능적인 충동으로 알려져 있다. 카이와가 셋째 유형의 놀이를 곤충의 행위와 결부된 단어인 미미크리로 규정하는 것은 그 놀이가 이러한 충동에 기반을 두고 있다는 점을 부각시키기 위하여 취해진 조치로 기술되어 있다(MP, p.20).

미미크리에서 놀이꾼이 보여 주는 이러한 행위는 아곤과 알레아에서 목격되는 그것과는 달리, 강제적인 규칙에 근거하여 이루어지는 것이 아니다. 미미크리는 복종을 요구하는 그러한 규칙을 거부하는 가운데 자유롭게 이루어지는 끊임없는 창작이라고 말할 수 있다(MP, p.23). 여기에도 규칙에 해당하는 것이 있다면, 그것은 현실을 은폐시켜 놓고 가상의 현실을 연출하는 것뿐이다(MP, p.22). 즉, 놀이꾼은 관객이 상상의 세계에 머무르는 동안에 그들의 마음을 사로잡는 것, 그리고 관객은 현실적인 것보다 더 현실적인 것으로 받아들이도록 연출된 여러 가지 도구에 대하여 추호의 의심도 품지 않으면서 상상의 세계에 자신을 맡기는 것, 그것이 미미크리에서 통용되는 유일한 규칙일 뿐이다(MP, p.23).

카이와가 상정하는 놀이의 마지막 유형인 일링크스는 미미크리와 마찬가지로 일정한 규칙을 상정하지 않는다. 그러나 일링크스는 그 용어가 소용돌이 혹은 현기증을 뜻하는 희랍어라는 사실에 시사되어 있는 바와 같이, 놀이꾼의 의지가 개입되지 않는다는 점에서 미미크리와 구분된다. 직접적으로 말하면, 일링크스는 규칙이나 당사자의 의지와는 무관하게 일시적으로나마 혼란, 가슴 졸임, 흥분, 쾌감, 황홀, 짜릿함, 얼떨떨함 등 지각의 균형을 파괴하거나 정상적인 의식을 공황상태에 빠뜨리기 위하여 시도되는 놀이로 규정될 수 있다(MP, p. 23). 실제로 일링크스의 묘미는 현실의 세계에 접할 수 없는 그러한 신체적 상태나 정신적 상태를 경험하는 데에서 찾을 수 있다.

카이와는 그네타기, 회전목마타기, 외줄타기, 번지점프를 그것의 대표적인 사례로 제시하고 있다. 일링크스에는 이러한 여러 가지 형태의 놀이와 더불어 그러한 놀이를 관람하는 일도 포함될 수 있다. 가령, 번지점프나 권투를 관람하는 사람들은 그 당사자가 느끼는 짜릿함과 동일한 형태의 정신적 상태를 경험할 수 있기 때문이다. 일링크스는 이 점에서 당사자의 일링크스와 목격자의 일링크스로 양분되기도 한다(MP, p. 26).

이와 같이 카이와는 놀이를 네 가지 유형으로 구분하고 있지만, 일체의 놀이가 그중에서 오직 한 가지 유형에 속하는 것은 아니다. 그는 여러 장면에서 이 점을 지적하고 있다. 예컨대, 카드놀이는 기본적으로 알레아의 성격을 띠고 있지만, 거기에 놀이꾼의 의지가 전혀 개입되지 않는다고 보기는 어렵다. 카드는 놀이꾼에게 우연적인 방식으로 분배되지만, 그의 지식과 추리는 카드놀이의 진행과정에 영향을 미칠 수 있다. 카드놀이는 이점에서 아곤과 알레아가 결합된 놀이라고 말해도 틀리지 않는다(MP, p. 18).

미미크리와 아곤이 결합된 놀이도 있을 수 있다. 가령, 축구는 기본적으로 아곤의 성격을 띠고 있지만, 관중에게는 그것이 미미크리의 대상으로 여겨질 수 있다. 아닌 게 아니라, 관중은 자신이 좋아하는 선수들을 소리와 몸짓으로 응원하는 데에서 만족하지 않는다. 관중은 자신도 모르는 가운데 그들의 동작을 그대로 따라하는 방식으로 그들에게 힘을 불어넣기도 한다. 카이와가 '행위의 감염(physical contagion)'이라고 부르는 이러한 현상은 볼링선수가 핀 앞에서 공이 휘기를 바라는 방향으로 자신의 몸을 기울이는 현상과 유사하다. 이들 양자 사이에 차이가 있다면, 볼링의 경우에 선수가 굴러가는 공에 영향을 미치려고 한다면, 축구의 경우에는 관객이 선수에게 영향을 미치려고 한다는 것뿐이다. 관람석 속에서는 이러한 행위의 감염으로 말미암아 운동장의 아곤과 겹치는 미미크리에 의한 경쟁이 벌어지는 셈이다(MP, p. 22). 팬이 챔피언과 동일시하는 것, 독자가 소설의 주인공과 동일시하는 것, 관객이 영화배우와 동일시하는 것 등도 동일한 맥락에서 이해할 수 있다.

놀이의 결합에 관한 카이와의 이러한 지적은 놀이의 유형이 한층 더 확장될 수 있다는 점을 시사하고 있다. 앞서 확인한 놀이의 네 가지 유형은 놀이의 네 가지 기본적인 범주에 지나지 않으며, 실제로 존재하는 놀이의 유형은 그 이상으로 확장될 수 있다는 것이 그의 견해인 셈이다. 그의 이러한 묵시적인 견해는 놀이의 분화과정에 관한 그의 설명을 통해서 구체적으로 확인할 수 있다.

카이와는 놀이의 분화과정을 설명하기 위하여 아이들의 놀이를 가리키는 희랍어인 '파이디아(paidia)'와 경기를 뜻하는 라틴어인 '루두스(ludus)'를 끌어들인다. 먼저, 그의 글 속에서 파이디아는 놀이를 떠받치는 본능으로 정의되어 있으며, 그 본능은 다시 법석을 떨고 소동을 벌이려는 원초적인 욕구로 기술되어 있다(MP, p.28). 파이디아로 지칭되는 이 원초적인 욕구는 아무것이나 건드리고 잡고 맛보고 싶은 충동으로 나타나기 시작하여 무엇인가를 뒤엎고 파괴하고 싶은 충동으로 나아간다. 잠자는 개의 꼬리를 잡아당기고 싶은 충동이나 하얀 벽면에 낙서를 하고 싶은 충동은 후자의 전형적인 사례로 간주될 수 있다.

카이와는 이러한 전복과 파괴의 충동이 놀이의 원초적인 세력에 해당할 뿐만 아니라 그러한 충동의 표현이 당사자에게 소박한 즐거움을 안겨 준다고 주장한다. 그럼에도 불구하고 그는 그러한 파이디아의 초기 형태를 놀이로 받아들이지 않는다. 거기에는 충동 이외에 약속, 기술, 도구 등 모종의 활동을 특정한 놀이로 규정짓는 요소가 포함되어 있지 않기 때문이다(MP, p.29). 초기 형태의 파이디아가 놀이로 나아가기 위해서는 그러한 요소가 가미되어야 하며, 개별적인 놀이는 그 속에 포함된 그러한 요소에 의하여 특정한 놀이로 규정된다. 이때부터 특정한 놀이는 아곤, 알레아, 미미크리, 일링크스로 구분되기 시작한다.

놀이에 임의로 과제를 설정해 넣는 일과 더불어 그 과제를 해결하는 데에서 즐거움을 맛보는 일 또한 이때부터 나타나기 시작한다. 물론, 놀이에 부과되는 모종의 과제는 그것을 해결하는 것 이외에 다른 어떤 목적을 갖지 않으며, 놀이꾼의 주된 관심사 또한 그 과제를 해결하는 데에서 비롯되는 즐거움을 느끼는 데에 맞추어진다. 카이와는 놀이에 과제의 형태로 부과되는 그러한 조건을 '루두스'라고 부른다(MP, p.29).

루두스의 역할은 카이와의 이 정의가 시사하는 바와 같이, 파이디아를 보충하고 정련된 형태로 발전시키는 데에서 찾을 수 있다. 놀이꾼에 초점을 두고 말하면, 루두스는 여러 가지 기구나 과제를 통해서 파이디아가 진행될 상황을 제시함으로써 놀이꾼들로 하여금 그러한 기구를 조작하거나 과제를 해결하는 데에 필요한 모종의 기술을 연마하도록 이끈다. 그렇기는 해도 루두스가 요구하는 이 기술은 아곤의 그것과 동일하지 않다. 아곤의 기술이 상대방을 겨냥하는 것이라면, 루두스의 기술은 놀이꾼 자신이나 자연현상을 겨냥하고 있다(MP, p. 29). 가령, 연날리기는 대기의 조건을 이용하는 기술을 요구하며, 장님놀이는 자신의 지각을 사용하는 기술을 요구한다.

루두스와 아곤의 관계에 관한 카이와의 이러한 설명은 아곤이 상대와의 경쟁에 초점을 둔 놀이와 자신과의 경쟁에 초점을 둔 놀이로 구분될 수 있다는 점을 보여 준다. 그는 실제로 우표 수집이나 자수와 같이 실질적인 보상보다 그 자체의 즐거움을 겨냥하여 수행하는 개인적인 활동인 '취미'를 루두스로부터 파생된 놀이의 특수한 형태로 상정하고 있다(MP, p. 32).

루두스의 중요성은 취미를 놀이의 한 가지 형태로 부각시키는 데에 그치지 않는다. 그것은 또한 알레아나 미미크리와 결합되어 새로운 형태의 놀이를 만들어 내기도 한다. 카이와는 이러한 결합 중에서도 유독 루두스와 미미크리의 결합에 주목한다. 미미크리는 판에 박힌 단순한 흉내의 형태를 띠거나 거기에 약간의 창의성이 가미되는 형태로 수행되지만, 루두스는 거기에 여러 가지 섬세한 기술이나 정교하고 복잡한 장치를 결합시킴으로써 미미크리를 예술의 수준으로 격상시키기 때문이다. 연극은 미미크리가 이러한 루두스의 도움으로 예술의 수준으로 격상된 전형적인 사례로 지목되고 있다. 그리하여 루두스는 미미크리를 예술로 승화시키는 장치요, 문화는 루두스와 놀이의 결합이 연출하는 가장 극적인 산물이라는 그의 최종적인 입장이 탄생하게 된다(MP, p.30-31).

3. 즐거운 생활의 성격과 영역

초등학교 통합교과로서의 즐거운 생활 성격과 영역은 변화해 왔지만 음악과 미술과 체육을 즐거운 생활의 원천으로 오해하는 경향은 여전히 지속해 왔다. 즐거운 생활을 통해서 이들 분과교과의 지식과 기능을 전달하는 관행 또한 어렵지 않게 목격할 수 있다. 즐거운 생활을 둘러싼 이러한 오해와 관행은 어떻게 극복될 수 있는가? 여기에 대한 근본적인 해법은 필경 즐거운 생활이 지향하는 방향에 걸맞게 그것의 성격을 명확하게 규정하는 동시에 그것에 일관된 형태로 그 영역을 새롭게 설정하는 데에서 찾을 수밖에 없다. 이하의 지면은 이러한 맥락에서 즐거운 생활의 성격과 영역을 시론적으로 규명하고 설정하는 데에 할애될 것이다.

즐거운 생활의 성격을 규명하는 일에는 적어도 두 가지 방향의 작업이 포함되어야 한다. 놀이와 표현이 즐거운 생활의 핵심적인 활동으로 견지될 수 있는가를 검토하는 일이 한 가지 작업이라면, 다른 한 가지 작업은 즐거운 생활에 입혀진 음악과 미술과 체육의 색채를 제거하는 일이다. 사실상, 놀이와 표현은 제6차 교육과정 이후부터 현재까지 아무런 의심도 받지 않은 채 즐거운 생활의 핵심적인 활동으로 간주되고 있다. 그런데 인간이 수행하는 활동 중에서 표현이 아닌 것은 도대체 존재하지 않는다. 바로 이 점 때문이겠지만, 표현이라는 개념은 바른 생활이나 슬기로운 생활을 비롯하여 여러 가지 분과교과에서도 광범위하게 활용되고 있다. 더욱이 그것은 즐거운 생활이 결별해야 할 음악과 미술과 체육의 전통적인 활동으로 통용되고 있다. 2009 개정 교육과정에 국한시켜 말하면, 표현이라는 개념은 음악과의 제1영역으로 자리 잡고 있을 뿐만 아니라 미술과 체육의 한 가지 영역으로도 채택되어 있다(교육과학기술부, 2011, p. 221, 246, pp. 257-258).

이와 같이 표현이라는 것이 지나치게 포괄적인 개념일 뿐만 아니라 음악과 미술과 체육의 전통적인 영역으로 간주되고 있다면, 그것을 즐거운 생활의 핵심적인 활동으로 유지시키는 것은 도리어 즐거운 생활을 둘러싼 오해와 관행을 더욱더 부추기는 결과를 초래할 수 있다. 표현이라는 활동은 이 점에서 즐거운 생활의 핵심적인 활동에서 제외시키는 것이 바람직해 보인다. 그러나 그렇다고 해서 놀이가 즉각적으로 즐거운 생활의 핵심적인 활동으로 선정되는 것은 아니다. 여기에도 논란의 여지가 있다. 즉, 놀이는 바른 생활이나 슬기로운 생활뿐만 아니라 체육을 비롯하여 다른 분과교과에서도 얼마든지 활용될 수 있으며, 그런 만큼 놀이는 즐거운 생활의 전유물로 간주되기 어렵다는 비판이 충분히 제기될 수 있다.

놀이의 성격에 관한 호이징아의 논의는 이 비판을 해소하는 데에 도움을 줄 수 있다. 그의 그 논의 속에는 놀이에 관한 두 가지 시각이 대비되어 있다. 심리학자나 생리학자들이 표방하는 시각과 그가 견지하는 시각이 바로 그것이다. 먼저, 놀이에 관한 심리학자나 생리학자들의 시각은 그것의 유용성에 초점을 두고 있다. 즉, 놀이가 과잉에너지를 발산시키거나 다양한 욕구를 충족시키는 데에 수단으로 활용될 수 있다는 점을 부각시키는 것은 놀이에 관한 그들의 관심사로 여겨지고 있다.

놀이에 관한 호이징아의 관심사는 놀이가 지니는 이러한 수단적 가치를 부각시키는 데에 있었던 것이 아니라, 놀이의 본질을 규명하는 데에 있었다. 즉, 놀이는 현실의 세계에 꼭 필요한 어떤 것을 얻기 위한 수단이라기보다는, 재미 그 자체를 맛보기 위해서 수행되는 꼭 필요한 것 이상의 활동이라는 것이 그의 기본적인 입장이다. '무관심성'이라는 그의 용어는 놀이의 이러한 근본적인 성격을 기술하는 데에 사용되고 있다. 놀이는 무관심성을 표방하는 자유로운 활동이라는 바로 그 점에서 삶에 생기를 불어넣고 삶을 풍요롭게 만드는 삶의 보완자요, 삶에서 없어서는 안 될 삶의 반려자가 될 수 있다. 심리학자나 생리학자들이 바라보는 놀이를 '수단으로서의 놀이'라고 부를 수 있다면, 그의 시각에 포착된 이러한 놀이는 그것과 대비하여 '목적으로서의 놀이'라고 불러도 좋을 것이다.

체육이나 다른 분과교과에서 활용되는 놀이가 이들 양자 중에서 어디에 해당하는가는 비교적 분명하다. 이들 교과는 독특한 지식이나 기능으로 이루어져 있으며, 그 교과의 존재 의의는 그 지식과 기능을 학생들에게 전달하는 데에서 찾을 수 있다. 여기에도 놀이가 동원될 수 있다. 그러나 여기에서의 놀이는, 그것이 안겨 주는 재미 그 자체를 겨냥하고 있다기보다는, 그 교과의 지식이나 기능을 효과적으로 전달하기 위한 수단으로 동원된다고 말해야 한다.

바른 생활이나 슬기로운 생활에서 활용되는 놀이의 성격 또한 다르지 않다. 이들 두 통합교과에서도 놀이가 활용된다는 것은 부정할 수 없지만, 거기에서의 놀이는 그 교과의 핵심적인 활동이라고 보기 어렵다. 이들 통합교과에는 '실천'과 '탐구'라는 핵심적인 활동이 엄연히 주어져 있으며, 놀이는 그 핵심적인 활동을 효과적으로 수행하기 위한 수단으로 동원된다고 말해야 한다. 그러므로 바른 생활이나 슬기로운 생활을 비롯하여 다른 분과교과에서 활용되는 놀이는 성격상 수단으로서의 놀이에 해당한다고 말할 수 있다.

놀이가 다른 통합교과나 분과교과에서 이러한 방식으로 활용된다는 것은 장차 즐거운 생활에서 놀이가 어떤 방식으로 활용되어야 하는가를 간접적으로 보여 준다. 즉, 놀이가 즐거운 생활의 핵심적인 활동으로 선정된다면, 여기에서의 놀이는 필경 호이징아가 견지하는 목적으로서의 놀이로 규정될 수밖에 없다. 즐거운 생활이 그러한 성격의 놀이를 핵심적인 활동으로 삼는 것은 실제로 즐거운 생활과 다른 통합교과 사이의 경계를 분명히 정하는 동시에 즐거운 생활이 분과교과의 색채에서 벗어나는 근본적인 방안이 될 수 있다. 즐거운 생활은 이러한 맥락에서 일단 "초등학교 1, 2학년 학생들이 학교생활에서 재미를 느끼도록 돕는 놀이중심의 통합교과"로 규정될 수 있다.

즐거운 생활의 이러한 성격이 놀이의 성격에 관한 호이징아의 견해에 기초하고 있다면, 그것에 일관되게 즐거운 생활의 영역을 설정하는 일은 그의 견해를 놀이의 유형으로 발전시킨 카이와의 시도를 검토하는 데에서 시작될 필요가 있다. 그는 놀이의 규칙과 놀이꾼의 의지를 두 축에 놓고 놀이의 네 가지 기본적인 범주를 설정하고 있다. 놀이꾼이 주어진 규칙 속에서 자신의 의지를 표현하는 아곤, 놀이꾼의 의지와 무관하게 모종의 규칙에 따라 진행되는 알레아, 놀이꾼이 규칙과 무관하게 자신의 의지를 표현하는 미미크리, 놀이꾼의 의지나 규칙과 무관하게 진행되는 일링크스가 바로 그것이다. 그가 설정하는 이러한 네 가지 범주의 놀이는 각각 경쟁놀이, 요행놀이, 흉내놀이, 모험놀이로 지칭될 수 있을 것이다. 놀이의 유형은 이들 네 가지 기본적인 범주 이외에 그 사이의 결합이나 그것에 루두스로 지칭되는 여러 가지 과제 혹은 조건을 부과하는 방식으로 얼마든지 확장될 수 있다. 그는 이러한 방식을 통해서 놀이의 유형을 취미와 예술까지 확장시키고 있다.

놀이의 유형에 관한 카이와의 이러한 시도는 놀이의 성격에 관한 호이징아의 견해를 발전시킨 지난 세계 최고의 걸작으로 평가되고 있다. 그러나 그렇다고 해서 그의 견해를 그대로 즐거운 생활의 영역으로 받아들일 필요는 없다. 그의 관심은 문화적 차원에서 놀이의 유형을 분류하는 데에 있었을지언정 초등학교 1, 2학년 학생들에게 적용될 놀이의 유형을 설정하는 데에 있었던 것은 아니기 때문이다. 더욱이 본 연구의 관심은 그의 견해를 실천에 옮기는 데에 있는 것이 아니라, 그의 견해를 참고하여 즐거운 생활의 영역을 설정하는 데에 있다. 그러므로 본 연구에서 그의 견해에 변경을 가하는 것은 부당한 일이라기보다는, 차라리 불가피한 일이라고 말하는 편이 타당하다.

카이와의 견해에 어떤 변경을 가할 것인가는 놀이를 통해서 추구하게 될 재미의 성격과 긴밀하게 연동되어 있다. 그래서 그의 견해를 변경시키는 일은 잠시 접어 두고 즐거운 생활의 성격에 등장하는 재미의 성격을 규명하는 데로 시선을 옮길 필요가 있다. 호이징아의 이론체계 내에서 재미가 놀이의 본질로 상정된다는 점을 감안하면, 재미가 어떤 성격의 것인가는 그의 이론 속에 이미 대답되어 있는 질문처럼 보일지 모른다. 그러나 그의 이론체계 내에서는 재미가 놀이의 본질이라는 주장과 함께 인간의 삶에서 놀이가 차지하는 위치 이외에 재미 그 자체가 어떤 성격의 것인가에 관한 명시적인 해명을 전혀 찾아볼 수 없다. 여기에는 그의 관심사가 영향을 미쳤을 것이다. 즉, 그의 핵심적인 관심사는 놀이의 본질을 드러내는 일이었으며, 그런 만큼 그는 재미가 놀이의 본질에 해당한다는 주장을 확립하는 데에서 만족할 수 있었을 것이다.

그러나 놀이가 교육의 일환으로 수행될 경우에는 사정이 달라진다. 사실상, 교육내용이 없는 한 교육은 시작될 수 없으며, 교육이 취급하는 내용은 모종의 가치가 탑재된 요소로 특별히 존중되고 있다. 교육에서 내용요소가 차지하는 이러한 위치는 놀이가 교육의 일환으로 수행될 경우에도 변하지 않는다. 즉, 교육에서의 놀이는 성격상 모종의 내용요소를 중심으로 구성되지 않을 수 없을 뿐만 아니라 그 내용요소에 탑재된 가치를 구현하는 일과 무관하게 수행될 수 없다. 그러므로 교육적 맥락에서 놀이가 추구하는 재미는 그 내용요소와의 관련 속에서 규정되지 않으면 안 된다.

그런데 즐거운 생활의 역사 속에서는 확정된 내용요소를 찾아보기 어렵다. 즐거운 생활의 내용요소는 제4차 교육과정부터 시작하여 2009 개정 교육과정에 이르는 동안에 끊임없이 변화되어 왔을 뿐이다. 즐거운 생활이 교육과정 속에서 겪어온 이러한 변화에도 한 가지 일관된 방향이 있다면, 그것은 제6차 교육과정 이후부터 지속적으로 그것의 발원지에 해당하는 음악과 미술과 체육의 영향에서 벗어나려고 노력해 왔다는 것이다. 그럼에도 불구하고 즐거운 생활의 교과용 도서를 편찬하는 일은 2009 개정 교육과정까지도 음악과 미술과 체육에 조예가 있는 초등학교 교사들에게 맡겨지는 경향이 있었다. 즐거운 생활의 교과서가 거의 이들 분과교과의 요소로 삼분되는 주된 이유를 바로 여기에서 찾을 수 있다.

교육과정의 방향과 교과서의 내용이 나타내는 이러한 불일치는 즐거운 생활과 분과교과를 둘러싼 일종의 딜레마를 연출한다. 즐거운 생활은 한편으로 분과교과의 요소를 활용하면서도, 다른 한편으로 그것의 영향에서 벗어나야 한다는 것이 바로 그 딜레마이다. 만일 분과교과의 영향에서 벗어나는 것이 즐거운 생활의 확고한 방향이라면, 이 딜레마는 분과교과의 요소를 활용하면서도 그 요소에서 분과교과의 색채를 제거하는 방향에서 해결되어야 한다. 예컨대, 종전까지 즐거운 생활에서 활용되던 음악적 요소는 음악의 지식이나 기술과 무관하다는 점을 부각시키기 위하여 '청각적 요소(auditory material)'로 대치시키는 것이 그 방안으로 제안될 수 있다. 미술적 요소와 체육적 요소 또한 동일한 의도에서 각각 '시각적 요소(visual material)'와 '작동적 요소(enactive material)'로 대치시킬 수 있을 것이다. 그리하여 즐거운 생활의 성격에 등장하는 재미는 청각적 재미와 시각적 재미와 작동적 재미로 규정될 수 있을 것이다.

즐거운 생활이 겨냥하는 이들 세 가지 유형의 재미는 놀이의 유형에 관한 카이와의 견해를 수정시키는 데에 활용될 수 있다. 가령, 이들 세 가지 유형의 재미와 놀이에 관한 카이와의 네 가지 기본적인 범주를 각각 세로축과 가로축에 놓는 경우를 생각해 보자. 이 매트릭스에서는 산술적으로 세로축의 재미와 가로축의 놀이가 결합된 12개의 셀을 얻을 수 있다. 그리고 이들 12개의 셀은 청각적 경쟁놀이, 시각적 흉내놀이, 작동적 모험놀이 등으로 지칭될 수 있을 것이다.

물론, 여기에 대해서는 여러 가지 질문이 제기될 수 있다. 예컨대, '이들 12개의 셀을 모두 즐거운 생활의 영역으로 받아들여야 하는가? 이들 12개의 셀 이외에 새롭게 신설해야 할 영역은 없는가?' 하는 것 등이 바로 그 질문이다. 사실상, '청각적 모험놀이나 시각적 요행놀이가 있을 수 있는가?' 하는 질문은 얼마든지 제기될 수 있다. 더욱이 카이와 또한 놀이의 유형을 네 가지 기본적인 범주에서 시작하여 취미와 예술까지 확장시키고 있는 만큼, 즐거운 생활의 영역은 이들 12개의 셀을 넘어서 얼마든지 확대될 수 있다. 놀이의 유형에 관한 카이와의 견해를 수정할 필요가 있다는 앞의 지적은 이러한 질문이나 입장에 대한 현실적인 대답을 찾는다는 뜻으로 읽을 수 있다.

4. 맺음말

즐거운 생활의 성격과 영역은 제4차 교육과정부터 2009 개정 교육과정에 이르기까지 끊임없이 변화되어 왔다. 즐거운 생활이 겪어온 이러한 변화는 통합교과로서의 독자적인 지위를 확보하기 위한 노력의 과정으로 평가되기도 하지만, 그것은 또한 즐거운 생활의 정체성에 대하여 문제를 제기하는 단서로 활용되기도 한다. 즐거운 생활은 실제로 음악과 미술과 체육이 통합된 교과로 출발하여 점차 이들 분과교과의 구속에서 벗어나려는 방향으로 변화되어 왔지만, 즐거운 생활의 성격과 영역이 모호하다는 비판은 여전히 제기되고 있다. 이 장은 그러한 발자취와 비판에 발맞추어 즐거운 생활의 성격과 영역을 시론적으로 규정하고 설정하는 데에 목적을 두고 있다.

여기에서는 이 목적을 달성하기 위하여 즐거운 생활이 지향하는 음악과 미술과 체육으로부터 탈피하는 방향에서 놀이의 성격에 관한 호이징아의 견해와 함께 놀이의 유형에 관한 카이와의 견해를 분석하였다. 놀이의 성격에 관한 호이징아의 견해는 놀이가 격리된 시공간 속에서 재미 그 자체를 향유하기 위하여 수행되는 자유로운 활동이라는 주장으로 정리할 수 있다. 놀이의 성격에 관한 그의 이러한 견해는 종전까지 즐거운 생활에서 확인되는 음악과 미술과 체육의 지식이나 기능을 청각적 재미와 시각적 재미와 작동적 재미로 대치될 가능성을 열어 놓고 있다. 그리하여 즐거운 생활은 초등학교 1, 2학년 학생들로 하여금 여러 가지 놀이를 통해서 시각적 재미와 청각적 재미와 작동적 재미를 향유하게 함으로써 즐거운 학교생활이 이루어지도록 돕는 통합교과로 규정될 수 있었다.

즐거운 생활의 영역을 설정하는 데에는 여기에 등장하는 이러한 재미의 형태와 함께 놀이의 유형에 관한 카이와의 견해가 활용되었다. 그의 이론체계 내에서 놀이는 기본적으로 규칙의 유무와 놀이꾼의 의지의 개입 여부에 따라 경쟁놀이, 요행놀이, 흉내놀이, 모험놀이로 부를 수 있는 네 가지 범주로 구분된다. 놀이의 유형에는 이들 네 가지 기본적인 범주 이외에도 그 사이의 결합이나 그것과 루두스의 결합에 의하여 취미와 예술까지 확대될 수 있다. 그러나 본 논의에서는 놀이에 관한 그의 네 가지 기본적인 범주와 앞서 확인한 재미의 세 가지 유형을 각각 가로축과 세로축에 놓고 만든 매트릭스로 즐거운 생활의 영역을 시론적으로 설정하였다.

이 매트릭스에서는 즐거운 생활의 영역이 12개의 셀로 설정되겠지만, 그것은 어디까지나 산술적으로 설정된 영역에 지나지 않는다. 이들 셀 중에는 즐거운 생활의 영역에서 배제되어야 할 것이나 그 영역으로 강조되는 것이 있을 것이다. 그리고 여기에는 포함되어 있지 않지만 즐거운 생활의 영역으로 신설되어야 할 것도 있을 수 있다. 그러므로 이 연구가 시론적으로 제시하는 즐거운 생활의 영역은 얼마든지 보완되고 수정될 수 있다. 그리고 그 과정을 거쳐서 잠정적으로 설정된 즐거운 생활의 영역 또한 '실현해 가는 교육과정'이라는 국가수준 교육과정의 방향에 따라 지속적으로 보완되고 수정될 필요가 있다. 특히 즐거운 생활의 영역을 보완하고 수정하는 일은 '백워드 설계'로 지칭되는 원리가 시사하는 바와 같이, 교과서의 편찬이나 적용을 염두에 두고 지속적으로 이루어질 필요가 있다. 이 장의 논의 결과로 제시된 즐거운 생활의 성격과 영역이 그러한 보완과 수정을 거치는 동안 보다 온전한 모습을 갖추기를 기대한다.

● 참고문헌

강충렬(2011). 2009 개정 초등 통합교육과정, 왜 탈학문적 접근인가: 발달적 관점에서 본 배경. 2009 개정 초등 통합교과 교육과정 (시안) 공청회 자료집. 한국통합교육과정학회. 1-21

교육과학기술부(2008). 초등학교 교육과정 해설(Ⅱ): 우리들은 1학년, 바른 생활, 슬기로운 생활, 즐거운 생활, 특별활동. 한솔사.

교육과학기술부(2011). 초등학교 교육과정. (사)한국시각장애인연합회.

교육부(1992). 국민학교 교육과정. 대한교과서주식회사.

교육부(1998). 초등학교 교육과정. 대한교과서주식회사.

교육인적자원부(1998). 초등학교 교육과정 해설(Ⅱ): 우리들은 1학년, 바른 생활, 슬기로운 생활, 즐거운 생활, 특별활동. 대한교과서주식회사.

교육인적자원부(2007). 초·중등학교 교육과정. 대한교과서주식회사.

김민환(2007). 초등학교 교과 교육과정의 통합 방식 연구: 총론 개발을 위한 시사점 탐색. 학습자중심교과교육연구, 7(1), 63-88.

김승호(2004). 통합교과 교수방법론. 초등교육연구, 17(1), 1-23.

문교부(1982). 국민학교 새 교육과정 개요. 서울특별시인쇄공업협동조합.

문교부(1988). 국민학교 교육과정 해설. 서울시인쇄공업협동조합.

유제순(2005). 초등학교 통합교과의 내용구성 분석. 교육학논총, 26(1), 143-175.

이영만, 홍영기(2006). 초등통합교육과정. 학지사.

이재준(2009). 소극적 방법론에서 적극적 대안론으로: 초등학교 통합교과교육의 정체성에 관한 고찰. 교육사상연구, 23(1), 1-24.

이정아(2007). 초등학교 통합교육과정의 도입과 변천에 관한 연구. 서울대학교 대학원 석사학위논문.

Caillois, R. (1958). Les Jeux et les Hommes: le masque et le veritige. Barash, M. (1961). *Man, play, and games*. The Free Press.

Huizinga, J. (1955). *Homo ludens: A study of the play-element on culture*. The Beacon Press.

5장

즐거운 생활: 놀이-기반 교과*

조 상 연

> 새는 날고 물고기는 헤엄치며 아이들은 놀이한다.
>
> – G. L. Landreth, 1992

플라톤은 일찍이 놀이와 관련하여 파이디아(paidia)와 헤오르테 (heorte)를 언급한 바 있다(이상봉, 2014). 고대 그리스에서 파이디 아는 그 어원상 놀이, 특히 유치함, 쓸모없음을 함의하며 '장난'이 나 '놀이'라는 뜻으로 두루 쓰이고 있었고, 헤오르테는 신에게 바치 는 성스러운 축제나 제전을 의미하였다(Platon, 653d). 이러한 맥락 에서 플라톤은 파이디아를 "유익하지도 유해하지도 않은 어린아이 들의 놀이(Platon, 667e)"로 언급한 반면, 헤오르테는 "저마다 놀이를 하며 노래도 하며 춤도 추는 어른들의 축제로서 이상적인 인간 삶의 전형(Platon, 803e)"으로 보았다.

플라톤은 차원이 다른 두 가지 놀이인 파이디아와 헤오르테를 파 이데이아(paideia, 교육)로 연계한다.

---

* 이 글은 '조상연(2017). 놀이-기반 교과로서 즐거운 생활에 대한 논의. 통합교육과정연구, 11(4), 101-120'을 수정한 것이다.

놀이(paidia)를 통해서 아이들(pides)의 즐거움과 욕구에 그들이 이르
게 됨으로써 그 목적을 달성하도록 해야 할, 거기(주: 이상적 삶)로 향하
게끔 하도록 노력해야만 합니다. …… 따라서 교육(paideia)의 요지를 우
리는 바른 양육(heorthe trophe)이라 말하는데 ……(Platon, 643c-d).

플라톤에게 파이디아는 아이가 어른으로 성장하기 위해 반드시
거쳐야 하는 놀이였고, 헤오르테는 이상적인 삶의 지향으로서 "공
동체의 안녕과 번영을 기원하며 인간이 신에게 바치는 신성한 축제
이자 놀이(Huizinga, 1950, pp. 21-22)"였다. 위 언급으로 미루어 볼
때 플라톤은 파이디아를 즐겁게 경험하게 하고 헤오르테의 삶을 향
하게 노력하는 것, 그것이 바로 교육이라고 생각했던 것이다.

플라톤 이후 지금까지 학자들은 다양한 관점에서 교육과 놀이의
관련에 대해 논의해 왔는데 주로 파이디아와 헤오르테 중 어느 한쪽
측면에 집중하는 방식으로 이루어졌다. 즉, 하나는 파이디아를 중
심으로 놀이의 교육적 기능이나 효용성에 관심을 둔 논의이고 다른
하나는 주로 헤오르테와 관련되어 놀이 자체의 속성 또는 놀이의 본
질에 대한 철학적 논의로 나누어 볼 수 있다. 놀이에 대한 이러한 두
가지 논의는 여러 면에서 각각의 관심과 지향이 다소 상이하다.

우선, 놀이의 기능 및 효용에 주로 관심을 둔 논의는 대체로 발
달심리학 분야의 연구들이 계승해 왔다. 이들 연구에 의하면 놀이
는 특정 유형의 활동으로서 정서적인 치유 효과 기능이 있다거나
(Freud, 1997, pp. 23-24), 아동이 성장하면서 새롭게 획득한 인지를
연습하고 강화하게 한다거나(Piaget, 1962, p. 90) 또는 추상적 사고

와 같은 고등정신 발달에 중요한 기능을 한다(Vygotsky, 1978, pp. 96-97)는 등이다. 여기서 주목할 것은 이들 논의에서는 놀이가 어떤 특정한 활동 유형으로 간주된다는 것이다. 예컨대, 피아제(Piaget, 1962, pp.110-113)가 연습 놀이(practice play), 상징 놀이(symbolic play), 규칙 놀이(play with rules)로 그 유형을 구분할 수 있었던 것은 놀이를 인간의 여러 활동 중 하나로 보았기 때문이었다.

이에 비해 놀이 자체의 속성에 대한 관심을 가진 논의는 주로 철학이나 사회학 분야에서 헤오르테를 중심으로 다뤄왔는데 역사나 문화 분야에서는 호이징아(Huizinga, 1950)와 카이와(Caillois, 1994)의 놀이 연구가, 철학 분야에서는 아리스토텔레스(1177b)의 스콜레(schole)나 피이퍼(Pieper, 1948)의 여가(leisure)와 관련한 논의가 대표적이다. 이들 논의에서의 놀이는 어떤 구체적인 활동이라기보다는 속성이나 태도 같은 것이다. 즉, 인간의 여러 활동 중 어떤 것은 놀이이고 어떤 것은 놀이가 아닌 활동으로 구분할 수 있는 것이 아니라 인간의 모든 활동에 놀이적 속성과 놀이가 아닌 속성이 공존한다고 보았다. 따라서 "놀이는 인간이 세상을 바라보는 관점이나 태도 같은 것(Oakeshott, 2004)"이며 "놀이야말로 인간의 존재 방식이자 삶의 태도로서 문화의 기반(Caillois, 1994; Huizinga, 1950)"으로 생각했다. 이러한 관점에서 놀이는 교육의 수단이나 도구가 아니라 교육이 목적으로 하는 이상향 자체이다. 나아가 이러한 관점은 교과(학문)를 온전히 즐기고 내면화하는 것이야말로 진정한 놀이인 동시에 이상적인 교육(김인, 2016; Pieper, 1948)이라는 논의와 연결된다.

이 장에서 이들 교육과 놀이에 대한 논의에 관심을 갖는 것은 즐

거운 생활 교과와 놀이의 관련성 때문이다. 즐거운 생활과 교육과
정에서는 '놀이'와 함께 '표현'을 주된 교과 성격으로 규정하고 '여러
가지 놀이와 표현활동을 통해 건강한 몸과 창의적 표현 능력을 도
모하는 교과(교육부, 2015b)'로 설명해 왔다. 이 진술로 미루어 볼 때
즐거운 생활에서는 놀이를 '건강한 몸과 창의적 표현 능력'을 기르
는 수단으로 다루고 있다. 여기서 의문은 먼저 '즐거운 생활 교과에
서 놀이를 이렇게 다루는 방식이 적절한가?' 하는 것이다. 그리고 이
의문은 그렇다면 '놀이는 즐거운 생활이라는 교과에서 어떻게 다루
어져야 하며 또 어떤 존재여야 하는가?' 하는 질문이 필연적으로 이
어진다. 이는 즐거운 생활 교과에서 놀이의 효과나 유용성뿐만 아
니라 놀이의 가치와 의미까지 아우르는 질문이다.

　이에 먼저 플라톤이 교육으로 연결한 놀이의 두 차원인 파이디아
와 헤오르테, 또는 활동으로서의 놀이와 태도로서의 놀이에 대해 설
득력 있는 해명이나 설명을 찾는다면 바로 거기서부터 즐거운 생활
과 놀이의 관계에 대한 의문을 풀어갈 수 있을 것으로 보고 그 해결
의 실마리를 보비트의 저서 『The curriculum』(1918)에서 찾고자 하
였다. 『The curriculum』에서 보비트는 삶이나 교육의 본질적인 두
기반을 일과 놀이로 보고 이 둘을 본래 속성에 맞게 온전히 경험할
수 있게 하는 것이 학교교육의 책무라고 생각했다. 그리하여 그는
교육과 관련한 일과 놀이 경험을 '놀이-기반 교육'과 '일-기반 교육'
으로 명명하고 이 두 경험의 속성이나 기능 그리고 이들 경험이 지
니는 의미나 가치에 대해 자세히 논의하였다. 여기서 주목할 만한
것은 보비트가 놀이에 관한 두 가지 논의, 즉 활동과 태도를 함께 포

착하여 하나로 다루고 있다는 점과 누구나 동의할 수 있는 상식적이고 합리적인 방식을 통해 당대 학교교육에 대한 실질적이고 구체적인 제안을 했다는 점이다.

이러한 맥락에서 이 장에서는 학교교육의 기반이 되는 두 가지 교육 경험 중 하나인 놀이-기반 교육에 대한 보비트의 관점에 기대서 즐거운 생활과 놀이에 대한 논의를 해 보고자 한다. 이를 위해 먼저 보비트의 교육과 놀이에 대한 논의인 '놀이-기반 교육'을 고찰해 보고자 한다. 그리고 이를 기초로 즐거운 생활에서 놀이가 갖는 의미와 가치를 조명하고 놀이-기반 교과로서 즐거운 생활의 정체성을 모색해 보고자 한다.

1. 보비트(Bobbitt)의 놀이-기반 교육

보비트는 『The curriculum』(1918)에서 '학교에서 무엇을 가르쳐야 하는가?'라는 당대의 질문에 대해 나름의 답을 제시하면서 2장과 17장, 18장을 중심으로 학교교육에서 놀이의 문제를 다루고 있다. 여기서 그는 교육이나 삶에서 놀이가 어떤 기능을 하며 어떤 의미를 갖는지, 그리고 이러한 측면에서 학교교육에 놀이가 어떤 모습으로 들어와서 어떻게 존재해야 하는지를 다루고 있다.

1) 학교교육의 두 기반
보비트는 학교교육 활동의 본질을 놀이-기반(play-level) 교육과

일-기반(work-level) 교육으로 나눠서 이 둘의 교육 경험의 속성 및 의미나 학교교육에서 갖는 가치를 조명하였다.

> 어느 쪽이 옳은가? 분명 둘 다 옳다. 이는 마치 '나무는 꽃을 피우는
> 가? 열매를 맺는가?'와 같은 질문에 답하는 것과 같다. 나무는 꽃을 피우
> 기도 하고 열매를 맺기도 하지만 둘 다 하지 않기도 한다. 둘 다 좋은 것
> 이고, 둘 다 필요한 것이다. 놀이는 풍요로운 주관적인 삶과 관련되어
> 있고 일은 책임감 있는 객관적 삶과 관련이 있다(Bobbitt, 1918, p. 6).

보비트는 놀이와 일은 공통된 속성도 공유하지만 각각 다른 교육적 가치를 가지고 있다고 설명한다(Bobbitt, 1918).

첫째, 둘은 모두 개인의 신체, 정신, 사회성 발달을 가져오지만 놀이는 부지불식간에 발달을 가져오는 반면 일은 그러한 발달의 결과를 인식한다는 점에서 다르다. 둘째, 둘은 모두 사람의 일생에 걸쳐 지속하는데 놀이는 일보다 앞서 나타나서 일의 기초가 된다. 셋째, 둘은 흥미나 책임과 연쇄적인 관련을 맺는다. 즉, 놀이는 즉각적인 흥미를 유발하고 이렇게 유발된 흥미는 목표를 향한 책임감을 지닌 일로 연결된다. 이 과정에서 놀이와 관련된 흥미나 책임은 자발적이지만 일은 그렇지 않을 수도 있다. 그러나 특정 분야에 대한 놀이의 결과로 발생한 자발적인 흥미나 책임은 해당 분야에 대한 일을 할 수 있게 하는 원동력 중의 하나라는 점에서 의미가 있다. 이런 점에서 둘은 모두 개인의 발달과 깊이 관련되어 있고 따라서 교육이 필수적으로 고려될 수 있다.

보비트는 놀이-기반 교육은 자유교과에 기반을 둔 전통 교과 교

육과 연결되어 개인적 삶의 형성에 기여한다고 보았고, 일-기반 교육은 과거 도제교육에 그 기원을 둔 실용을 추구하는 새로운 교육과정 분야와 연결해서 사회적 삶에 기여한다고 보았다. 그는 학교교육의 기반인 놀이-기반 교육과 일-기반 교육이 그 본래의 가치와의미에 맞게 학생들이 이를 경험해야 한다고 생각했다.

그러나 보비트가 보기에 19세기에서 20세기로 넘어가고 있던 당시 학교교육에서는 놀이-기반 교육도 일-기반 교육도 모두 흔들리고 있었다.

> 학교는 지식만 얻게 하고 있다. 실생활과 관련해서 생각하고, 느끼고,
> 의식하고 행동하기보다는 지식만을 재생산해 왔다(Bobbitt, 1918, p. ⅱ).
> …… 학교교육에서는 일이 거의 사라졌다. 자유교육의 전통도 거의 사
> 라졌다(Bobbitt, 1918, p. 24).

과거 도제교육에서는 일과 교육이 구분되지 않았다. 그냥 주어진 일을 열심히 하는 과정에서 그 일과 관련된 지식이나 기능을 배우면 되었다. 또 자유교육은 충만한 즐거움 가운데 여가로서 학문 자체를 즐기는 성격을 가진 교육이었다. 이 도제교육이나 자유교육은 모두 개인이나 소수의 학생을 대상으로 하는 교육일 때 유효한 교육이었다. 그러나 산업화의 물결을 받아들이고 있던 19세기를 거치면서 변화를 거듭한 결과 많은 학생을 대상으로 한 집단 교육 체제를 갖춘 20세기 학교에서는 일이나 놀이가 통합된 도제교육이나 자유교육의 중요한 미덕이 점점 줄어들고 있었다.

자유교육에서 교과는 학생들이 여가로 즐기는 지식 탐구의 대상

이었지만 당시 학교교육에서 교과는 온전히 즐겨야 할 지식 탐구 과정은 줄이거나 생략한 채 기억하고 암기해야 할 내용을 함축적으로 전달하고 수용하는 방식으로 다루어지고 있었다. 또한 도제교육에서는 일과 지식 교육이 통합되어 다루어졌지만 당시 학교교육에서는 그렇지 못했다.

보비트가 보기에 당시의 학교교육은 '지식 탐구를 즐기는 놀이'도 아니었고 '지식을 배우고 습득하기 위한 일'도 아니었다. 그가 보기에 당시 학교교육은 학생들이 놀이-기반 교육은 일로, 일-기반 교육은 놀이로 경험하게 함으로써 "놀이도 일도 아닌 어떤 고역(drudgery)(Dewey, 1916, p. 204)"이 되고 있었다. 이러한 맥락에서 보비트(Bobbitt, 1918, pp. 19-24)는 교육의 두 기반인 일과 놀이가 학교교육을 통해 그 본성을 회복해야 한다고 생각했다. 그러기 위해서는 학교에서 제공하는 교육적 경험을 통해 일은 일답게, 놀이는 놀이답게 경험하게 해주어야 한다는 것이 그의 핵심적인 생각이었다.

2) 놀이와 교육

앞서 언급한 바대로 플라톤 이후 놀이와 교육에 대한 논의는 대체로 파이디아나 헤오르테 둘 중 어느 한쪽에 대한 관심을 반영하여 각각 진행되어온 경향이 있다. 보비트는 이들 두 관점을 모두 포착하여 교육에서 놀이를 논의하였다. 하나는 놀이를 활동으로 간주하는 것이고 다른 하나는 놀이를 태도로 보는 것이었다. 전자는 놀이의 교육적 기능에 대한 논의로 앞서 언급한 파이디아와 연결된다면 후자는 삶이나 교육 목적으로서의 놀이, 즉 헤오르테와 관련이 깊다.

먼저 활동으로서 놀이의 관점에서 보비트(Bobbitt, 1918, pp. 23-32)는 교육을 놀이로 간주하고 그 교육적 기능에 대해 설명하였는데 그에 의하면 신체 놀이와 사회적 놀이는 부지불식간에 신체 기능을 향상시키고 사회성 발달 및 사회적 습관들을 형성하게 한다.

> 아이들에게는 무엇인가를 만들고 활동하도록 이끄는 강력한 놀이 본능(play-instincts)이 있다. 아이들은 이 본능에 의해 놀면서 성장하고 배운다(Bobbitt, 1918, pp. 8-9).

이처럼 놀이는 학생들이 알아차리지 못하는 사이에 신체, 정신, 사회성 등의 발달을 가져온다. 또한 놀이는 부지불식간에 성장하고 배우도록 하는 동시에 해당 분야에 대해 자연스럽게 관심을 갖게 해주며 이러한 관심과 흥미가 또 그 분야를 깊이 있게 탐구할 수 있게 해준다. 따라서 활동으로서의 놀이는 크게 두 가지로 교육과 관계한다. 첫째는 학생들의 자발적인 흥미와 호기심으로 마음껏 즐기는 동안 부지불식간에 발달과 다양한 분야에 대한 관심과 흥미를 가져온다는 점이다. 둘째는 이는 그 자체가 학교 학습이면서 동시에 이후 이어질 학교 학습의 토대가 되기도 하는데 여기서의 토대는 더 심화된 학습을 위한 기초로 내용 지식이라기보다는 해당 분야에 대한 관심과 흥미로 이어지는 놀이적 태도, 즉 이후 학습을 즐기는 태도에 더 가깝다. 따라서 이는 이후 이어지는 태도로서의 놀이에 대한 논의와 직접 연결된다.

다음으로 태도로서의 놀이 관점에서 보비트는 학교교육을 통해서도 학생들이 자유교육에서처럼 지식(내용)을 즐길 수 있게 할 것을 당부하였다.

수년 전 동양을 여행하면서 12세 정도 되는 두 소년들을 관찰한 적이 있었다. …… 그들은 배가 정박하자마자 탐험을 하러 떠났다. 그 지역은 그들에게 낯설고 새로운 지역이었다. 배워야 할 것도 정해져 있지 않았다. 아무도 그들에게 나가보라고 하지 않았고 찾고 기억해야 하는 정보가 있는 것도 아니었다. …… 뭐든지 경험할 수 있는 기회의 장이 펼쳐졌고 그들은 지적 욕구에 따라 노는 경험(play-experience)을 했을 뿐이었다. 모든 것이 놀이(play)였고 이는 최고의 교육(educational experience)이었다(Bobbitt, 1918, p. 11).

보비트는 학교교육이 낯선 항구에 도착한 소년들처럼 자발적이고 자유롭게 지적 호기심을 충족시키는 방식으로 이루어져야 한다고 보았고 그래야 놀이 태도가 교육의 태도, 삶의 태도가 된다는 것을 강조했다. 그는 학생들이 어떤 강요나 여타 다른 목적에 대한 의식 없이 놀이를 놀이답게 경험하게 해주어야 한다고 생각한 것이다. 이것은 바로 놀이하듯 배움을 즐기며 살아가는 태도와 관련된 논의다.

또한 보비트는 놀이-기반 교육에 있어 교과와 학생을 연결해 주는 교사의 역할에도 관심을 가졌다. 그는 교육의 사태에서 언제나 '교과(교육 내용)'에 '학생'과 '교사'가 함께 관계한다는 사실에 주목하고 학생들이 자발적으로 교과에 흥미를 느끼고 즐기며 몰입할 수 있게 배려해 주는 것을 교사의 역할로 보았다.

> 우리는 아이들이 스스로 놀 수 있는 기회만 제공하면 된다. …… 교사
> 는 조건을 조성하고 동기를 조절하고 안내를 하기 위해서 목적을 알아
> 야 한다. 그러나 아동은 놀이-기반 교육 경험이 추구하는 목적을 꼭 의
> 식해야 하는 것은 아니다(Bobbitt, 1918, pp. 9-13).

그런데 교사는 효과적인 교육 환경의 조성을 위해 놀이의 기능적
측면을 인식해야 하지만 학생들은 꼭 그럴 필요는 없다는 것이 그의
생각이었다. 예컨대, 학교교육 활동의 일환으로 '달팽이 놀이'를 하
는 장면을 떠올려 보자. 교사는 놀이 환경 조성에 있어 학생들이 놀
이의 즐거움을 충분히 만끽할 수 있는 조건과 동시에 학생들의 적절
한 신체 활동 정도나 사회성 발달의 측면도 고려해야 한다. 그러나
학생은 놀이의 즐거움이라는 놀이의 내재적 목적 외 다른 교육적 목
적을 의식할 필요는 없다.

[그림 5-1] 놀이-기반 교육의 교사와 아동

[그림 5-1]은 놀이-기반 교육 사태에서 아동과 교사가 놀이와 교
과에 관계하는 방식을 나타낸 것이다. 위 그림에서 놀이와 교과가

분리된 형태로 제시하였지만 실제로 양자는 각각 따로 분리되어 존재하는 것이 아니라 통합되어 함께 존재한다. 따라서 그림에서 놀이는 그 이면에 교과가 존재하고 있고 교과 역시 그 이면에 놀이가 존재하는 것으로 보아야 한다.

놀이와 교과는 흥미와 호기심으로 결합된 동전의 양면과 같은 것으로 교육 활동에서 이 둘 모두는 오직 목적으로 간주되어야 한다. 하나의 교육 사태에서 학생은 놀이를 지향하는 경향이 있고 교사는 교과를 지향하는 경향이 있다. 즉, 학생은 자발적이고 즉각적인 흥미와 호기심을 특징으로 하는 놀이를 추구하는 존재이고, 교사는 목적 지향적이고 심각한 교과를 추구하는 존재이다.

그러나 A에서처럼 교사와 학생이 교과와 놀이의 목적을 구분하거나 하나를 다른 하나를 위한 수단이나 도구로 다루는 순간 둘은 분리되어 버리고 놀이와 교과 중 어느 하나를 선택해야 하는 양자택일의 상황에 이른다. 그러나 어느 쪽을 선택하든 도구가 된 놀이는 더이상 놀이가 아니고 수단화된 교과 역시 그저 습득해야 할 유용한 지식이나 기능으로 바뀌게 된다. 이것이 바로 오크쇼트가 언급한 '수단화된 놀이와 교과의 손상(Oakeshott, 2004, p. 313)'이다.

따라서 B에서처럼 교사는 놀이 이면의 교과의 목적을 정확하게 인식하고 이 목적이 제대로 구현될 수 있게 여건을 조성하고 그 안에서 학생이 자발적인 흥미와 호기심에 기반하여 교과와 놀이를 충분히 즐길 수 있게 해야 한다. 그리하여 아동은 교과와 놀이 그 자체를 온전히 즐기는 존재로, 교사는 교과와 놀이의 교육 목적이나 의도를 인식하며 여건을 조성하는 존재로 공존하게 되는 것이다.

플라톤 이후 그동안의 교육과 놀이에 대한 논의는 파이디아나 헤오르테 중 어느 한쪽 측면의 관심만을 반영하여 진행되어 온 경향이 있다. 그러나 파이데이아(학교교육)로 연결되는 파이디아와 헤오르테는 개념상으로만 구분될 뿐 실제로는 분리될 수 없는 하나의 현상이라고 할 수 있다. 놀이의 즐거움을 즐기지 않는 놀이, 또는 놀지 않는 놀이가 존재할 수 없는 한 파이디아 속에는 헤오르테가 있을 수밖에 없고 헤오르테 안에는 파이디아가 있을 수밖에 없다. 따라서 파이디아와 헤오르테가 파이데이아(학교교육)를 통해 온전히 구현되는 것, 그것이 학생에게는 놀이다운 놀이이며 교사에게는 교육다운 교육으로 이해할 수 있을 것이다.

3) 놀이-기반 교육

놀이와 교육에 대한 보비트의 설명은 놀이-기반 교육으로서의 학교교육에 대한 아이디어를 제공한다. 그의 제안은 두 가지로 요약할 수 있는데 하나는 학교교육 경험이 놀이로 온전히 경험되어야 한다는 것이고 다른 하나는 놀이가 교육내용으로서 활동인 동시에 태도로 다루어져야 한다는 것이다.

먼저 보비트의 놀이-기반 교육의 구현은 "교육의 본질은 놀이(Bobbitt, 1918, p. 8)"라는 전제에서 시작한다. 그는 알고 싶어 하는 욕망, 지적 욕구, 본능적인 호기심의 충족을 위해 배움의 어떤 가치나 특정한 목적에 대한 의식 없이 인간 지식과 인간 경험의 모든 주요 영역을 두루 경험하며 즐기도록 하는 것이 바로 놀이-기반 교육의 본질이라고 보았다. 보비트의 이 생각은 교과가 제대로 가르쳐

지려면 그 본래 정신, 즉 학문을 여가로 즐기는 자유교육의 전통을 회복하는 것을 의미하는 것이었다.

기존의 교과를 통해 지식을 탐구하는 즐거움을 마음껏 즐기는 자유교과의 전통을 회복하는 대표적인 방법 중 하나로 보비트가 제안한 것은 경험으로 접근하는 자유로운 독서였다(Bobbitt, 1918, p. 11). 보비트에게 독서는 학생이 상상을 동원하여 세계를 간접 경험함으로써 직접 경험하는 것처럼 즐길 수 있게 하는 것이었다. 특히 이 분야를 위한 독서 자료는 "교훈적인 성격이 없고 문학적인 가치가 있으며 다양한 경험의 재현 효과가 있어야 한다(Bobbitt, 1918, p. 240)."는 단서를 달았다.

> 그러기 위해서 교육 내용은 놀이처럼 세부적인 것이 풍부하고, 인간적이고, 다양하고, 가볍고, 논리보다는 흥미를 지향하고, 피상적이고, 반복적이며 느슨하게 조직될 필요가 있다(Bobbitt, 1918, pp. 12-15).

그래서 놀이-기반 교육을 위한 독서에 활용되는 책은 학생들이 기억해야 할 정보만을 추출해서 정리해 놓는 방식이어서는 곤란했다. 책은 생생한 실제 경험에 가깝도록 일상적인 스토리 속에 주요 정보와 관련한 세부적인 내용이 풍부하게 제시되어야 한다고 생각했다.

다음으로 보비트의 두 번째 제안은 놀이를 교육 내용으로 도입하는 것이었다. 그는 '가르치고 배우는' 심각한 가치 추구의 대상으로만 국한시켰던 기존의 교과 교육 내용을 학생들이 자발적으로 탐색하고 경험할 수 있는 새로운 내용이 도입되어야 한다고 생각했다.

이에 보비트는 기존의 교육으로 구현할 수 없었던 놀이-기반 교육의 구현을 위해 실제 학생들이 하는 것과 가장 비슷한 놀이를 학교에서 해야 한다고 생각했다.

> 놀이 정신을 가진 아이들의 놀이를 제도화하는 것이다. 이 분야의 선구자는 실내외, 남녀노소가 하는 여러 가지 놀이와 게임을 수집할 것이다. 공놀이, 술래잡기, 모든 종류의 운동 경기, 음악과 함께 또는 음악 없이 하는 무용, 민속놀이와 춤 등 즐겁게 할 수 있는 것이면 모두 교육으로 적절하다. 아이들의 생활 속에 있는 것과 가장 비슷한 것을 학교로 옮겨와야 한다. 일반적인 학교생활에서 이 같은 놀이 활동을 추가해야 한다(Bobbitt, 1918, pp. 182-183).

보비트는 '놀이 정신을 가진 아이들의 놀이'를 학교교육의 제도 안으로 도입해야 한다고 생각했다. 이는 자발적으로 놀이의 즐거움을 마음껏 즐길 수 있는 놀이로서 실제 생활 속에서 행해지는 여러 가지 놀이와 게임이다. 보비트의 이러한 놀이에 대한 아이디어는 『How to make a curriculum』(1924)에서 보다 구체화되었다. 그는 인간 경험을 열 가지 영역[1]으로 나누고 학교교육의 영역에서 제외해도 된다고 판단한 'X. 소명에 따른 노동' 영역을 제외한 나머지 아홉 가지 영역에 대해 세밀한 교육 목표를 제시하였다. 이들 영역 중 보비트가 교육 내용으로서의 놀이에 대한 구체적인 목표를 제시

---

1) Ⅰ. 언어활동-사회적 상호소통, Ⅱ. 건강 활동, Ⅲ. 시민 활동, Ⅳ. 일반적 사회 활동-타인을 만나고 어울리는 것, Ⅴ. 여가 활동, 오락, 레크리에이션, Ⅵ. 건전한 정신관리 활동-신체 건강 유지 활동과 유사, Ⅶ. 종교 활동, Ⅷ. 부모 활동-자녀 양육, 적절한 가정 유지, Ⅸ. 비전 문화된 또는 비직업적인 활동, Ⅹ. 소명에 따른 노동. (Bobbitt, 1924, pp. 8-9)

한 분야는 'Ⅱ. 신체적인 효율성의 유지' 영역과 'Ⅴ. 여가 활동' 영역
이다.

Ⅱ. 신체적인 효율성의 유지

104. 수영, 스케이팅, 도보여행, 조정, 자전거타기, 테니스, 골프, 다양한
종류의 공놀이, 달리기, 춤추기, 낚시, 사냥, 카누, 드라이브, 캠핑,
운동 이벤트 등과 같은 다양한 스포츠, 운동경기, 야외활동 레퍼토
리를 갖고 사는 동안의 즐거움을 누리는 성향이나 능력(Bobbitt, 1924,
p. 12)

보비트가 제안한 교육 내용으로서의 놀이는 "레퍼토리를 갖고 사
는 동안의 즐거움을 누리는 성향이나 능력"이다. 레퍼토리가 구체
적인 놀이 활동 자체, 즉 파이디아를 반영한다면 즐거움을 누리는
성향이나 능력은 놀이적 태도, 즉 헤오르테와 연결된다. 다시 말해,
보비트가 제안한 교육 내용으로서 놀이는 활동으로서의 놀이와 태
도로서의 놀이를 모두 포섭하여 구체적인 놀이 활동 자체를 마음껏
즐기게 하려는 데 그 목적을 둔다. 따라서 보비트의 이 제안은 학교
교육이 놀이 자체여야 한다는 파이디아의 논의와 놀이하듯 배움을
즐기며 살아가는 태도와 관련된 헤오르테의 논의를 모두 하나로 연
결하고 있다.

마지막으로 학교교육은 일상생활에서 충분히 경험할 수 없는 것
을 대상으로 해야 한다는 보비트의 언급을 짚고 넘어가고자 한다.

그런데 일상적인 경험을 통해 저절로 습득되는 것도 있다. 이러한 경
험은 학교교육의 대상이 되지 못한다. 학교 교육과정은 일상적인 경

험을 통해서는 충분히 달성되지 못하는 경험을 대상으로 한다(Bobbitt, 1918, p. 44).

이는 학교에서 교육내용으로 학생들의 일상적인 경험이 학교 교육과정으로 도입되어야 하지만 일상생활을 통해 충분히 경험되는 것까지 학교교육을 통해 경험시킬 필요는 없다는 의미이다. 이를 놀이-기반 교육의 측면에서 보면, 충분히 또는 반드시 경험해야 할 가치가 있음에도 불구하고 일상생활 속에서 충분히 경험하기 어려운 놀이적 측면이 학교교육의 대상이 될 수 있다는 것이다. 놀이 차원으로 한정하여 본다면 일상적으로 늘 경험할 수 있는 놀이라도 그 놀이를 통해 꼭 경험이 되어야 함에도 결핍될 가능성이 높은 어떤 놀이적, 교육적 요소가 있다면 해당 놀이는 학교교육을 통해 제대로 다루어질 필요가 있다는 의미도 될 것이다.

2. 보비트(Bobbitt)의 놀이-기반 교육 논의가 즐거운 생활에 주는 의미

제4차 교육과정 시기에 즐거운 생활 교과가 처음 도입된 이후 지금까지 즐거운 생활은 놀이와 밀접한 관련을 맺어 왔으며 즐거운 생활에서 놀이는 교과 교육과정의 목표 수준에서부터 내용과 방법으로 언급되어 왔다. 그러나 즐거운 생활 교과 교육과정이 처음 도입된 제5차 교육과정 시기부터 현행 2015 개정 교육과정까지 교육과정 개정을 거듭하면서 놀이의 위상은 점점 약해지고 있다.

제5차 교육과정 시기의 즐거운 생활 교과는 '놀이를 통하여 운동 능력, 정서 및 창조성, 조화로운 인격의 터전을 마련하고자 한다(문교부, 1987).'고 그 목표를 진술하고 있다. 그런데 제6차 교육과정 시기에 와서 '놀이를 통하여'라는 진술은 '놀이와 표현을 통하여'라는 진술로 바뀌었다. 그리고 이어지는 제7차 교육과정에서는 세 번째 하위목표에 '놀이와 표현'에 다시 '감상' 활동을 추가했다. 뿐만 아니라 놀이와 표현 그리고 감상을 통해 이해해야 한다고 제시한 신체적, 음악적, 조형적 활동의 요소는 체육, 음악, 미술 교과 고유의 활동에 대응된다. 이후 2007, 2009, 2015 개정 시기 동안 지속적으로 놀이보다는 표현 쪽에 무게중심을 옮긴 결과, 현행 2015 개정 즐거운 생활 교육과정의 목표는 '건강한 몸과 창의적 표현 능력을 길러 일상생활을 즐겁게 영위하고 문화적 소양을 함양한다(교육부, 2015b).'고 진술함으로써 역대 즐거운 생활 교육과정 중 놀이의 비중이 가장 축소된 것으로 보인다.

이러한 맥락에서 볼 때 즐거운 생활 교육과정에서 '놀이'는 '표현'에 밀려 점점 자리를 내주고 있는 것과 같은 인상을 준다. 이는 즐거운 생활의 원 교과였던 음악, 미술, 체육의 영향력 강화 측면이 분명히 존재한다. 뿐만 아니라 이제 즐거운 생활에서 '놀이'는 체육, 음악, 미술 세 교과가 공유하는 공통된 속성인 '표현활동'을 도모하는 교과로 보이게 하며 따라서 놀이를 점점 도구로 다루게 하는 것으로 보인다.

학교의 모든 교과는 각각의 해당 교과 영역의 지식을 '탐구'하고 나름의 방식으로 '표현'한다. 이러한 관점에서 이 '탐구'와 '표현'은 모든 교과의 공통된 속성이라고도 볼 수 있을 것이다. 그런데 초등학교 교과 중 '탐구' 교과라 일컫는 교과와 '표현' 교과라 일컫는 교과는 각각 따로 존재한다. 전자의 대표적인 예는 사회와 과학이 될 것이고 후자의 대표적인 예는 음악과 미술일 것이다. 모든 교과의 공통된 속성임에도 불구하고 사회와 과학과의 성격을 '탐구'라고 하거나 음악과 미술과의 성격을 '표현'이라고 한다고 해서 별다른 이의를 제기하는 사람은 없다. 왜냐하면 과학 교과를 탐구 교과라 한다 해서 '탐구'라는 속성을 과학과가 독점한다는 의미는 아니며 과학과 또한 탐구 외의 활동은 일절 하지 않는다는 의미는 더욱 아니기 때문이다. 모든 교과의 공통적인 속성인 탐구를 특히 과학과의 특징적인 성격으로 규정하는 것은 과학 교과가 추구하는 교과 활동이 '주로' 탐구인 것에 기인한다. 따라서 '탐구'라는 속성은 모든 교과가 공유하는 속성인 동시에 다른 교과와 구분되는 과학과만의 독특한 속성이다. 이렇게 '탐구'와 '표현'은 여러 교과의 공통된 속성으로 중요하게 다루어지는 동시에 특정 교과 특유의 속성으로 중요하게 다루어지고 있다.

그러면 학교교육에서 '놀이'는 어떻게 다루어지고 있는가? 놀이역시 여러 교과가 공유하고 있는 공통된 속성의 하나로 여러 교과에 다양한 형태로 들어와 있지만 그 교육적 중요성에 비해 대체로 해당 교과를 위한 수단으로 또는 부수적 입장에서 소비되고 있는 듯하다. 그렇다면 놀이와 가장 밀접한 관련을 맺고 있는 즐거운 생활 교과는 어떨까? 즐거운 생활에서 놀이가 다루어지는 방식을 논의하기에 앞서 즐거운 생활 교과는 그 정체성을 어떻게 규정하고 있을까? 교과라면 첫째, 그 교과만이 가진 고유의 교육 내용 및 방법으로서의 지식을 가지고 있는가? 둘째, 그 교과의 교육 내용과 방법이 학교에서 가르치고 배울 만한 충분한 가치가 있는가? 이 두 가지 요건을 충족했을 때 특정 교과의 존재 이유를 정당화할 수 있을 것이다.

이와 관련해서 즐거운 생활은 '놀이'보다는 '표현'을 주된 교과 성격으로 규정하고 '여러 가지 놀이와 표현활동을 통해 건강한 몸과 창의적 표현 능력을 도모하는 교과'로 설명하고 있다. 그런데 즐거운 생활 교과의 표현 영역은 신체, 음악, 조형 영역으로(교육부, 2015b, p. 40) 체육, 음악, 미술 교과의 영역 각각과 중첩된다. 교과는 다양한 교육내용과 방법으로서 속성을 공유하는 영역도 있지만 공유하는 영역 외 다른 교과와 분명하게 구분되는 독특한 영역이 있다. 여러 교과는 바로 그 중첩되어 있는 부분 외 바깥 영역을 통해 차별화된다. 그러나 즐거운 생활의 이들 세 표현 영역은 다른 교과와 중첩되는 영역만 있을 뿐 중첩 영역 외 바깥 영역이 존재하지 않는다. 다른 교과와 중첩되지 않는 바깥 부분이 없는 속성을 특정 교과 고유의 성격으로 규정할 수 있을까? 이러한 관점에서 놀이는 모든 교과가 공유하는 공통되는 중요한 속성인 동시에 다른 교과와 구분되는 즐거운 생활 교과의 존재 의의를 논하는 교육 내용 및 방법으로 적극적으로 고려할 만하다. 또한 놀이가 교육이나 삶에서 차지하는 그 가치나 중요성에 미루어 볼 때 놀이-기반 교과로서 '다양한 놀이 레퍼토리를 갖고 사는 동안의 즐거움을 누리는 성향이나 능력'(Bobbitt, 1924, p. 12)을 오롯이 담당할 학교교과가 하나쯤 있어야 하지 않을까? 그리고 지금까지 즐거운 생활과 놀이의 밀접한 관계로 미뤄볼 때 그 책임을 담당할 교과로 즐거운 생활보다 더 적절한 교과가 있을까?

그렇다면 '놀이'가 중심이 되는 놀이-기반 교과로서 즐거운 생활 교과를 구현할 수 있는 구체적인 방법에 대해 묻는다면 보비트는 어떻게 대답할까? 보비트가 시도한 놀이-기반 교육을 구현하는 첫 번째 방식은 학교교육 경험이 놀이로 온전히 경험되어야 한다는 것이었다. 그렇다면 이는 즐거운 생활 교과 자체를 자유롭게, 그리고 자발적으로 온전히 경험하고 즐길 수 있게 해야 한다는 것을 의미할 것이다. 즉, "낯선 항구에 도착한 소년들처럼 그 어떤 강요나 여타 다른 목적에 대한 의식 없이 자연스럽게 발생하는 흥미와 호기심의 충족을 위해 자발적이고 자유롭게 경험하는 방식(Bobbitt, 1918, p. 11)"이 되어야 할 것이다. 그래야 "즐거운 생활의 모든 차시를 학생들이 그 활동 자체에 재미를 느끼며 몰입해서 즐길 수 있을 것(교육부, 2017, p. 36)"이다. 학생이 어떤 활동에 몰입하여 즐긴다는 것은 그 활동이 놀이이건 놀이가 아니건 간에 놀이적 태도를 취하게 되는 것을 의미하며 이러한 태도는 삶의 태도로 연계된다. 이런 점에서 즐거운 생활은 교과 내용 자체가 놀이가 되어야 할 뿐만 아니라 이러한 놀이를 향유하는 태도가 즐거운 생활 교과의 목표가 되어야 할 것이다. 따라서 더 나아가 '놀이를 마음껏 향유하는 경험을 통해 놀이적 태도로 삶을 즐기고 누릴 수 있는 소양을 갖춘 인간'을 즐거운 생활 교과의 궁극적 지향으로 고려해 볼 수 있을 것이다.

놀이-기반 교육을 구현하는 보비트의 두 번째 방식은 놀이가 교육 내용이어야 한다는 관점에서 실제 놀이를 도입하는 방식이었다. 현재 교과에서는 주로 놀이가 교육에 미치는 효과나 기능 때문에 놀이를 고려한다. 그러나 놀이는 이런 효능 때문이 아니라 놀이가 그 자체로 교육이기 때문에 도입되어야 한다. 혼자 또는 또래 친구들과 함께 어울려 시간 가는 줄 모르고 놀이에 몰입하는 경험은 그 무엇보다 놀이다운 놀이이며, 놀이를 향유하는 놀이적 태도의 정수라 할 만하다. 이런 면에서 놀이를 즐거운 생활의 교육 내용으로 고려해야 할 것이다.

그렇다면 즐거운 생활 교과의 내용으로서 놀이는 어떤 것이 되어야 할까? 예컨대, 박채형과 정광순(2015, p. 112)은 카이와(Callois, 1958)가 구분한 놀이의 네 가지 기본 범주인 아곤(경쟁놀이), 알레아(요행놀이), 미미크리(흉내놀이), 일링크스(모험놀이)의 속성을 여러 수준에서 고려해 볼 수 있다고 제안한다. 또 교육은 일상 경험에서 결핍되는 요소를 중심으로 학교교육을 통해 특별히 경험할 만큼 충분한 교육적 가치가 있는 활동이 그 대상이 되어야 한다(Bobbitt, 1918, pp. 42-44)는 보비트의 의견을 수용한다면 최근 아동 세계에서 사라져 가고 있는 골목놀이나 전래놀이들도 고려의 대상이 될 수 있을 것으로 보인다. 그 밖에도 새롭게 도입할 수 있는 다양한 형태의 그리고 다양한 수준의 가능한 놀이에 대해 계속적인 검토와 고민이 필요하다. 보비트는 과학적 조사 방법을 통해 수집한 방대한 양의 자료를 기반으로 새로운 교육내용과 방법으로서 교육과정 목표와 활동 목록을 제안하였다(Bobbitt, 1924). Bobbit의 이 '잠정적인' 목록은 지속적인 수정 및 갱신 과정을 거쳤다. 즐거운 생활에 도입

해야 하는 교육 내용으로서 놀이 역시 이러한 방식으로 접근해 볼
수도 있지 않을까?

그리고 학생은 '자발적인 지적 욕구에 따라 자유롭게 탐색하고 노
는(Bobbitt, 1918, p. 11)' 존재로, 교사는 학생들의 방식으로 놀이를
향유할 수 있게 다양한 놀이 여건과 조건을 마련하고 필요한 적절한
안내를 제공해야 할 것이다. 학생들은 풍부하고 흥미진진한 놀이
로 심각한 교과도 자발적 흥미와 호기심에 따라 경험할 수 있을 것이
다.

끝으로 놀이-기반 교과로서 즐거운 생활 교과와 놀이의 관계 속
에서 교사와 아동의 존재 방식을 생각해 보고자 한다. 즐거운 생활
교과 안에서 교사는 '뭐든지 경험할 수 있는 기회의 장을 펼쳐주는'
존재가 되고, 학생은 '자발적인 지적 욕구에 따라 자유롭게 탐색하
고 노는' 존재가 되면 충분하다(Bobbitt, 1918, p. 11). 따라서 교사는
아마도 학생들이 올바른 방식으로 놀이를 향유할 수 있게 즐거운 생
활의 교육 목표를 설정하고, 자유롭게 경험할 수 있는 세부적 내용
이 풍부한 다양한 놀이를 할 수 있는 여건과 조건을 마련하고, 학생
들의 동기를 조절하여 필요한 적절한 안내를 제공해야 할 것이다.
그러면 학생들은 교사가 조성한 풍부하고 흥미진진한 환경 속에서
심각한 교육적 목적에 대한 자각 없이 자발적 흥미와 호기심에 따라
다양한 놀이를 즐기고 경험할 수 있을 것이다.

3. 맺음말

　보비트는 플라톤 이후 오랫동안 지속되어 온 놀이와 교육에 대한 대표적인 두 가지 관점인 파이디아와 헤오르테를 모두 학교교육으로 수용하고자 했고 그 구현 방법으로 논의한 것이 바로 놀이-기반 교육이었다. 이 장에서는 보비트의 이 논의에 기대서 놀이-기반 교과로서 즐거운 생활의 정체성을 모색해 보았다. 이 장의 요약과 그와 관련한 제언은 다음과 같다.

　첫째, 학교교육에 있어 놀이-기반 교육이 그 본래의 가치와 의미에 맞게 온전히 경험되어야 한다. 학교교육에 놀이가 다양한 형태로 들어와 있지만 그 교육적 중요성에 비해 놀이는 수단적, 도구적 입장에서 소비되고 있다. 또한 놀이-기반 교육은 활동으로서의 놀이나 태도로서의 놀이 중 어느 한 측면만을 강조하는 형태로 왜곡되어 다루어지고 있다. 학교교육에서 놀이는 활동 그 자체로 의미가 있는 파이디아와 바람직한 삶의 태도로서 헤오르테 모두를 고려해야 한다. 놀이를 즐기지 않는 놀이가 가능할까? 놀지 않으면서 여가를 즐기는 삶이 가능할까? 파이디아와 헤오르테는 서로 분리되는 것이 아니라 동전의 양면과 같은 것이다. 파이디아를 하려면 헤오르테를 취해야 하고 헤오르테를 취하려면 파이디아를 해야 한다. 따라서 특정한 놀이 활동의 기능과 효용성의 측면만을 강조하여 접근하거나 또는 교과지식 탐구의 즐거움만을 학교교육의 유일한 가치로 다루는 태도에서 벗어나 파이디아와 헤오르테 두 관점을 모두 수용하여 학생들이 학교교육 경험을 통해 놀이를 놀이답게 온전히 즐기고 마음껏 향유할 수 있게 해주어야 할 것이다.

둘째, 즐거운 생활은 놀이-기반 교육의 본성을 회복 또는 구현하는 중심 교과로서 그 정체성을 모색해야 할 필요성이 있다. 이러한 맥락에서 즐거운 생활에서의 교육 경험은 한편으로는 파이디아의 측면에서 '놀이답게 놀이 자체를' 경험해야 하며 동시에 또 다른 한편으로는 '삶을 즐기고 향유하는 태도'로서 헤오르테를 지향하도록 해야 할 것이다. 즐거운 생활은 제4차 교육과정 시기에 처음 생성될 당시부터 교과 목표 수준에서부터 교과 내용으로서의 활동 수준까지 놀이와 밀접한 관련을 맺어 왔다. 따라서 학교교육을 통해 놀이를 놀이답게 온전히 경험하게 하는 그러한 책무를 중심적으로 담당할 교과로서 즐거운 생활보다 더 적합한 교과를 찾기는 어렵다. 따라서 즐거운 생활 교과는 학교교육에 있어 놀이의 위상을 조명하고 다양한 놀이에 몰입하여 즐거움을 만끽하고 행복감을 누리며 그 과정에서 자신의 감정이나 감각을 자연스럽게 표현하게 하는 놀이-기반 교과로서 성격을 명확히 설정할 필요가 있다.

동시에 즐거운 생활 교과의 중요한 속성으로 다루어지고 있는 '표현'은 그동안 놀이-기반 교과로서 자리매김 해야 할 즐거운 생활에서 '놀이'의 위상을 계속해서 축소시킨 경향이 있다. 그리고 체육, 음악, 미술 교과 고유의 표현 영역인 신체적, 음악적, 조형적 표현 영역을 즐거운 생활 교과 영역으로 설정함으로써 이들 교과의 영향력을 지속적으로 확대해온 측면도 있다. 따라서 박채형과 정광순 (2015)의 제안처럼 즐거운 생활 교과의 성격 및 영역을 재설정함에 있어 '표현'의 삭제를 적극적으로 고려해볼 필요가 있다.

셋째, 놀이-기반 교과로서 즐거운 생활에서 놀이는 교육 내용 및 방법인 동시에 궁극적 목적으로 다루어져야 한다. 즉, 즐거운 생활의 목적은 놀이를 향유하는 삶을 지향하는 태도가 되어야 할 것이고 그에 따라 교육 내용은 다양한 놀이 경험이 되어야 할 것이다. 또한 교육 방법은 이들 놀이의 즐거움을 만끽하며 노는 것 그 자체가 되어야 할 것이다. 따라서 즐거운 생활의 목표와 성격, 교육 내용 및 방법은 모두 놀이가 고려되어야 한다. 이러한 관점에서 즐거운 생활의 교육 내용은 가치 있는 교육적 경험으로서 다양한 놀이가 될 것이다. 그동안 놀이는 특정 교과 내용 습득을 위한 수단으로, 즉 교육 방법의 하나로 주로 다루어져 왔다. 그러나 즐거운 생활에서 놀이는 교육 내용 및 방법으로서 온전히 다루어져야 한다. 특히 즐거운 생활 교육 내용이 될 놀이에 대한 논의도 필요할 것이다.

넷째, 놀이-기반 교과로서 즐거운 생활의 놀이로서의 성격 규명의 전제는 교육에 있어 그동안 간과되고 있거나 또는 그동안 인지하지 못했던 교사의 역할에 대한 제대로 된 이해를 필요로 한다. 놀이-기반 교과로서 즐거운 생활 교과를 가르치는 교사는 놀이와 교육의 온전한 공존을 위한 중요한 책무를 수행해야 한다. 이는 동일한 교육 사태 속에서 학생은 놀이를 놀이답게 경험하고 즐거운 생활 교과의 목적은 그대로 온전히 추구되도록 관심을 집중해야 하는 것을 의미한다. 따라서 교사는 놀이 이면의 교과의 목적을 정확하게 인식하고 이 목적이 제대로 구현될 수 있게 여건을 조성하고 그 안에서 학생이 자발적인 흥미와 호기심에 기반한 놀이를 충분히 즐길 수 있게 해야 한다. 그리하여 아동은 교과를 놀이로 온전히 즐기는 존재로, 교사는 해당 교과의 교육 목적이나 의도를 인식하며 여건을 조성하는 존재로 공존하게 되는 것이다.

이를 위해 교사는 즐거운 생활의 교육적 목표를 분명히 인지하고 학생들이 놀이에 몰입하여 즐기는 과정에서 해당 목표에 부지불식간에 다다를 수 있도록 해야 한다. 이를 위해 교육적 여건을 조성하고 학생들이 자발적인 흥미와 호기심에 의해 놀이를 마음껏 즐길 수 있도록 즐거운 생활 교과 교육 활동으로서 놀이 과정 전반을 안내할 수 있어야 할 것이다.

● 참고문헌

교육과학기술부(2011). 초등학교 교육과정. 교육과학기술부 고시 제2011-361호 [별책 2].

교육부(1992). 국민학교 교육과정. 교육부 고시 제1992-16호.

교육부(1997). 초등학교 교육과정. 교육부 고시 제1997-15호.

교육부(2015a). 초등학교 교사용 지도서 통합교과 1-1. 지학사.

교육부(2015b). 초등학교 교육과정. 교육부 고시 제2015-74호 [별책 2].

교육부(2017). 초등학교 교사용 지도서 바른 생활 슬기로운 생활 즐거운 생활 1-1. 교학사.

교육인적자원부(2007). 초등학교 교육과정. 교육인적자원부 고시 제2007-79호 [별책 02].

문교부(1987). 국민학교 교육과정. 문교부 고시 제87-9호(87. 6. 30).

김 인(2016). 교육목적으로서의 여가. 도덕교육연구, 28(1), 113-132.

박종현(역주)(1997). 플라톤의 국가: 政體. 서광사.

박종현(역주)(2009). 플라톤의 법률. 서광사.

박채형, 정광순(2015). 호이징아와 카이와의 놀이 이론에 함의된 즐거운 생활의 성격과 영역. 통합교육과정연구, 9(3), 32-53.

이상봉(2014). 헤오르테와 스콜레로서의 놀이. 철학연구, 29, 193-217.

조상연(2015). 교육과정 문제에 대한 Bobbitt의 패러독스적 해법이 지금 우리에게 주는 의미. 교육과정연구, 33(2), 231-258.

Bobbitt, J. F. (1918). *The curriculum*. Boston: Houghton Mifflin Company.

Bobbitt, J. F. (1924). *How to make a curriculum*. Boston: Houghton Mifflin Company.

Bywater, I. (Ed.). (1894). *Aristotelis ethica nicomachea*. Oxford: Clarendon Press. 강상진, 김재홍, 이창우 공역(2013). 니코마코스 윤리학. 길 출판사.

Caillois, R. (1958). *Les Jeux et les Hommes: le masque et le veritige*. Barash, M. (1961). *Man, play, and games*. The Free Press. 이상률 역(1994). 놀이와 인간: 가면과 현기증. 문예출판사

Dewey, J. (1916). *Democracy and education*. NY: Macmillan Co., 이홍우 역(1987). 민주주의와 교육. 교육과학사.

Freud, S. (1921). *Jenseits des lustprinzips*. 박찬부 역(1997). 쾌락 원칙을 넘어

서. 열린책들.

Froebel, F. W. A. (1826). *Education of man*. Tr. by W. N. Hailmann (1888), NY: D. Appleton and company.

Huizinga, J. (1950). *Homo ludens: A study of the play-element in culture*. Boston: Beacon Press.

Piaget, J. (1962). *Play, dreams, and imitation in childhood*. NY: Norton.

Pieper, J. (1948). *Leisure: The basis of culture*. Tr. by Alexander Dru (1952). 이홍우, 이미종 공역(2005). 여가-자유와 문화와 교육의 기초. 미간행자료.

Oakeshott, M. (2004). *Work and play*. O'Sullivan, L. (Ed.) (2004). What is history and other essays. Imprint Academic, pp. 303-314.

Vygotsky, L. (1978). *Mind in society*. NY: Harvard University Press.

● 저자 소개

이환기(Lee Hwanki, 춘천교육대학교 총장)
서울대학교 교육학과에서 교육과정을 전공하여 박사학위를 받았고
현재 교육과정이론, 교육과정개발, 초등통합교육과정, 초등통합교과 등을 연구하고 있다.

이종원(Lee Jongwon, 대구교육대학교 교육학과 교수)
경북대학교 교육학과에서 교육과정과 수업을 전공하여 박사학위를 받았고
현재 교육과정이론, 교육과정개발, 초등통합교육과정, 초등통합교과 등을 연구하고 있다.

정광순(Jung Gwangsoon, 한국교원대학교 초등교육학과 교수)
한국교원대학교 초등교육학과에서 초등교육을 전공하여 박사학위를 받았고
현재 교사의 교육과정 문해력, 초등교육과정, 통합교육과정, 초등통합교과 등을 연구하고
있다.

박채형(Park Chaehyeong, 부산교육대학교 교육학과 교수)
서울대학교 교육학과에서 교육과정을 전공하여 박사학위를 받았고
현재 교육과정이론, 교육과정개발, 초등통합교육과정, 초등통합교과 등을 연구하고 있다.

조상연(Jo Sangyeon, 한국교원대학교 초등교육학과 강사)
한국교원대학교 초등교육학과에서 초등교육을 전공하여 박사학위를 받았고
현재 초등교육과정, 초등통합교육과정, 초등통합교과 등을 연구하고 있다.

한국통합교육과정학회총서 2

초등학교 통합교과의 성격
― 앎을 넘어 삶을 위한 교육을 꿈꾸며 ―

The characteristics of the integrated curriculum for elementary school
― Beyond knowing, for life ―

2018년 2월 25일 1판 1쇄 인쇄
2018년 2월 28일 1판 1쇄 발행

지은이 • 이환기 · 이종원 · 정광순 · 박채형 · 조상연
펴낸이 • 김진환
펴낸곳 • (주) **학지사**
　　　　　　04031 서울특별시 마포구 양화로 15길 20 마인드월드빌딩
대표전화 • 02)330-5114　　　팩스 • 02)324-2345
등록번호 • 제313-2006-000265호

홈페이지 • http://www.hakjisa.co.kr
페이스북 • https://www.facebook.com/hakjisabook

ISBN 978-89-997-1530-3 93370

정가 16,000원

교육문화출판미디어그룹 **학지사**
심리검사연구소 **인싸이트** www.inpsyt.co.kr
원격교육연수원 **카운피아** www.counpia.com
학술논문서비스 **뉴논문** www.newnonmun.com
간호보건의학출판 **정담미디어** www.jdmpub.com